ISBN 978-0-428-96293-7
PIBN 10579148

CHARLES
ET
CAROLINE,
COMÉDIE

EN CINQ ACTES ET EN PROSE,

Par le Citoyen PIGAULT-LE-BRUN.

Représentée, pour la premiere fois, à Paris, sur le Théâtre du Palais national, le 28 Juin 1790.

NOUVELLE ÉDITION.

A AVIGNON,

Chez ALPHONSE BERENGUIER, Imprimeur-Libraire, place du Change.

AN NEUVIEME.

PERSONNAGES.

CHARLES DE VERNEUI.

CAROLINE, femme de Charls.

DE VERNEUIL pere.

DE VERNEUIL fils.

LE COMTE DE PREVAL

BAZILE, ami de Charles.

CECILE, fille de Charles et deCaroline.

LAFLEUR, valet du Comte e Preval.

UN EXEMPT.

GARDES.

La Scene est a Paris.

Le théâtre représente une chambre, dont les murailles sont nues. On apperçoit quelques meubles grossiers et à demi-usés.

ACTE REMIER.

SCENE REMIERE.

BAZILE, CAROLINE, CECILE.

(Bazile, et Caroline sont assis, aroline travaille, Cecile jouit sur les
genoux e sa mere.)

CAROL N E, tristement.

Il ne vient pas !

BAZILE.

Dame, au métier qu'il fait on n'est pas toujours, maître de soi.

CAIOLINE.

Malheureux Charles !

BAZILE.

Vous le plaignez toujours ; tenez, Caroline, je n'aimons pas
ça. Charles gagne tout ce qu'il eut. Il a un certain air, là.... qui
fait qu'on le préfere à tous le commissionnaires du quartier : je
n'en sommes point jaloux, il érite son bonheur ; mais au moins
ne faut-il pas se plaindre, qnd la fortune nous rit.

CARLINE.

Quand la fortune nous rit Ah ! Bazile.

BAZILE.

Oh.... Encore des lamentatics, il faut que je vous aimions ben
pour écouter tout ça, car c'est déraisonnable, si déraisonnable,
voyez-vous, qu'en conscience n'y comprenons rien.

CARLINE.

Je le crois, Bazile ; mais m, qui suis cause de tout, moi, qui...

BAILE.

Moi, qui suis cause de tout, oi, qui... V'là vingt fois qu'vous
voulez parler, et qu'vous vous rrêtez tout court ; queuque tout
ça veut dire ?

CARLINE.

Ah ! depuis si long-temps quee dévore mes chagrins !..

BAILE.

Raison de plus pour laisser la crainte et la feintise.

CARLINE.

Mais Charles approuvera-t-il..

BAILE.

Vous seriez tous deux d's'ingts, si vous aviez des secrets pour
moi. Charles, Charles me connit mieux que vous. Y sent ce qu'
m'doit, ety me regarde comme on meilleur ami. En effet, n'est-
ce pas moi qui l'ait fait ce qu'ihst ? Je l'ons recommandé à nos
pratiques, parce que je l'i ons ronnu de l'intelligence, et qu'il
est porteur d'une figure qui anonce de l'honnêteté. Vous étiez
tombé ici comme des nues. Chars pleuroit sur vous, vous pleuriez
sur vot'enfant, j'ons vu vos larms, je vous ons recueilli tous trois.
Ce n'est pas un reproche, au mons, car j'ons trouvé du plaisir à
ça. J'avons dit : y sont trois et jsommes seuls ; ils ont besoin, et
je ne manquons de rien ; les rices les repoussent, et ben, mor-
guenne, je les aiderons, y me evront leux pain et j'en ferons d'
s'amis. Au lieu de répondre à c que j'attendions, vous souffrez.

A 2

PERSONNAGES.

CHARLES DE VERNEUIL.

CAROLINE, femme de Charles.

DE VERNEUIL pere.

DE VERNEUIL fils.

LE COMTE DE PREVAL.

BAZILE, ami de Charles.

CECILE, fille de Charles et de Caroline.

LA FLEUR, valet du Comte de Preval.

UN EXEMPT.

GARDES.

La Scene est à Paris.

*Le théâtre représente une chambre, dont les mu-
railles sont nues. On apperçoit quelques meubles
grossiers et à demi-usés.*

ACTE PREMIER.

SCENE PREMIERE.

BAZILE, CAROLINE, CECILE.

(Bazile et Caroline sont assis. Caroline travaille, Cecile joue sur les genoux de sa mere.)

CAROLINE, *tristement.*

Il ne vient pas !

BAZILE.

Dame, au métier qu'il fait, on n'est pas toujours maître de soi.

CAROLINE.

Malheureux Charles !

BAZILE.

Vous le plaignez toujours ; et tenez, Caroline, je n'aimons pas ça. Charles gagne tout ce qu'il veut. Il a un certain air, là.... qui fait qu'on le préfere à tous les commissionnaires du quartier : je n'en sommes point jaloux, il mérite son bonheur ; mais au moins ne faut-il pas se plaindre, quand la fortune nous rit.

CAROLINE.

Quand la fortune nous rit ! Ah ! Bazile.

BAZILE.

Oh.... Encore des lamentations, il faut que je vous aimions ben pour écouter tout ça, car c'est si déraisonnable, si déraisonnable, voyez-vous, qu'en conscience je n'y comprenons rien.

CAROLINE.

Je le crois, Bazile ; mais moi, qui suis cause de tout, moi, qui...

BAZILE.

Moi, qui suis cause de tout, moi, qui.... V'là vingt fois qu'vous voulez parler, et qu'vous vous arrêtez tout court : queuque tout ça veut dire ?

CAROLINE.

Ah ! depuis si long-temps que je dévore mes chagrins !...

BAZILE.

Raison de plus pour laisser là la crainte et la feintise.

CAROLINE.

Mais Charles approuvera-t-il....

BAZILE.

Vous seriez tous deux d's'ingrats, si vous aviez des secrets pour moi. Charles, Charles me connoît mieux que vous. Y sent ce qu' m'doit, ety me regarde comme son meilleur ami. En effet, n'est-ce pas moi qui l'ait fait ce qu'il est ? Je l'ons recommandé à nos pratiques, parce que je l'i ons reconnu de l'intelligence, et qu'il est porteur d'une figure qui annonce de l'honnêteté. Vous étiez tombé ici comme des nues. Charles pleuroit sur vous, vous pleuriez sur vot'enfant, j'ons vu vos larmes ; je vous ons recueilli tous trois. Ce n'est pas un reproche, au moins ; car j'ons trouvé du plaisir à ça. J'avons dit : y sont trois et je sommes seuls ; ils ont besoin, et je ne manquons de rien ; les riches les repoussent, et ben, mor-guenne, je les aiderons, y me devront leux pain et j'en ferons d' s'amis. Au lieu de répondre à ce que j'attendions. Avous souffrez.

2

Caroline, vous soupirez devant moi, et vous vous taisez ! Vous ne m'aimez pas, non, vous ne m'aimez pas.

CAROLINE.

Ah ! Bazile je ne vous aime pas ! Et se passe-t-il un jour que je ne vous parle de ma reconnoissance ?

BAZILE.

Oui, vous m'en parlez, mais vous ne me la prouvez pas. Ce silence....

CAROLINE.

Peut être agréable à mon époux. Son nouveau métier....

BAZILE.

Hé ben, son métier ? Croyez vous qu'il d'shonore donc ? Tout métier qui nourrit son maître et qui ne coûte rien à la conscience, est un métier qu'on peut faire et avouer sans honte.

CAROLINE.

Oui, mais sa naissance....

BAZILE.

Sa naissance.... Est-y fils d'un prince ? mais s'roit-y l'fils d'un roi, drès qu'il est sans ressource, y n'en est que pus estimable en nourrissant de ses sueurs sa femme et son enfant.

CAROLINE.

Ah ! Bazile comme vous me pressez !

BAZILE.

C'est que je souffrons de vous voir souffrir, et que j'ons le droit de partager vos peines, si je n'pouvons les soulager.

CAROLINE.

Eh bien, mon ami....

BAZILE.

Oui, Caroline, oui, je suis vot'ami c'est le mot.

CAROLINE.

Eh bien, mon ami, je vais vous satisfaire. Vous ne vous plaindrez plus de ma réserve, elle pese à mon amitié, et ce que vous avez fait pour nous....

BAZILE.

Laissez ça, laissez ça. Je ne l'ons fait que parce que j'ons cru qu'en pareil cas j'aurions reçu de vous les mêmes services. C'est tout simple ça. Faut que les pauvres s'aidiont entr'eux, pis qu'les autres n'y prenont tant seulement pas garde. Allons, voyons, queuqu'i vous manque encore ! si je l'avons, c'est comme si c'étoit à vous. Parlez, j'écoutons.

CAROLINE.

Je ne sais par où commencer.... Mes larmes coulent.

BAZILE.

Hé, morgué, des pleurs n'sont pas des raisons. Voyons donc, encore un coup, parlez.

CAROLINE.

Mon mari, mon pauvre Charles.... Ah ! que je lui ai coûté cher !

BAZILE.

Le bonheur peut-y trop se payer ?

CAROLINE.

Il étoit né pour un état....

B A Z I L E.

Plus noble, peut-être, à la bonne-heure. Mais sa Caroline est tout pour lui; je le crois, parce qu'il le dit et que Charles ne ment jamais.

C A R O L I N E.

Oui, sans doute, il étoit né pour un état plus relevé. Mais, moi, jeune, sans parens, sans fortune, et sur-tout sans expérience, pouvois-je.... Charles....

B A Z I L E.

Charles vous trouva jolie, pas vrai!

C A R O L I N E.

Il me le dit du moins.

B A Z I L E.

Je le crois. Et lui, que vous en sembloit!

C A R O L I N E.

Eh, qui n'auroit il pas charmé! Sa jeunesse, ses graces, ses soins étoient des armes trop fortes pour une jeune fille livrée à elle-même.

B A Z I L E.

Enfin....

C A R O L I N E.

Enfin ses prieres furent des lois pour mon cœur. Il parla et je le suivis. Un sol étranger fut notre asyle, et un autel sacré, mais méconnu par nos lois, reçut nos sermens. Avec quel plaisir je prononçai celui de vivre pour Charles! Avec quel délice il prononça celui d'une éternelle fidélité! Mon ami, je ne vous peindrai pas ce que nous sentîmes, vous êtes seul, et il est des sensations qu'on ne peut concevoir qu'en les éprouvant soi-même.

B A Z I L E.

Je conçois aisément le bonheur de mon ami Charles. Après !

C A R O L I N E.

Nous épuisâmes bientôt ce que mon mari avoit d'argent. Nous nous trouvâmes dans une terre étrangere, isolés de la société, sans support et sans espoir. L'amour de la patrie parloit au cœur de Charles. Le besoin se faisoit sentir, Charles étoit pere, ses larmes avoient déjà coulé sur ma petite Cecile, il souffroit pour elle et pour moi. Partons, me dit-il un jour, partons, ma Caroline, retournons en France. Une éducation soignée, des talens agréables m'y promettent des ressources. Nous n'y connoîtrons pas l'opulence, mais nous y serons loin de l'adversité. Jamais je n'avois su rien refuser à Charles, et, malgré de tristes pressentimens, je pris notre Cecile dans mes bras, et je le suivis encore. La fatigue, ma foiblesse, rien ne m'arrêta. Je souffrois beaucoup mais je pleurois en détournant la tête, et Charles ne voyoit pas mes larmes.... Nous arrivons aux frontieres, et nous apprenons que le comte de Verneuil, son pere, sollicitoit la cassation de notre mariage. Que deviendrai-je si tu m'abandonnes, dis-je à Charles! Quel sera mon sort, si tu doutes de moi, me répondoit-il! Je lui présentai mon enfant, et il partageoit ses caresses entre nous deux. Enfin nous arrivons dans la capitale. Tout y est changé pour nous. Les cœurs se resserrent, les portes se ferment, les espérances s'évanouissent, et, sans vous, Bazile, quel eût été mon sort !

BAZILE.

Et c'est-là ce qui vous afflige? Sans vous Charles seroit pus riche,
mais y n'seroit pas votre mari, y n'seroit pas pere, y n'auroit pas
chaque soir le plaisir de serrer contre son cœur sa femme et son enfant. Tenez, rien qu'à le voir, je devinons ce que c'est, et je sen-
tons du goût pour le mariage. S'il y avoit seulement deux Caro-
lines....

CAROLINE.

Cependant le comte de Verneuil nous poursuit du fonds de sa province. Son fils, caché sous le nom de Charles et sous l'humble vê-
tement d'un commissionnaire, peut échapper à toutes les recherches;
mais, Bazile, un sentiment intérieur me répete sans cesse : si la nature vous approuve, la loi vous condamne.... Ah! mon ami, je sa-
crifierois ma réputation, je souffrirois tout, tout jusqu'au mépris,
il me suffiroit de ne l'avoir pas mérité.... Mais cet enfant qu'on mé-
connoît, qu'on rejette, de quoi est-il coupable? Si sa naissance est
un crime, sa foiblesse a des droits. Si son pere...

BAZILE.

Si son pere....

CAROLINE.

Si son pere excédé de travail, sollicité par ses parens, par leurs
amis....

BAZILE.

Ah! Caroline, Caroline, vous le croyez capable d'un crime!

CAROLINE.

Je connois sa droiture, mais les temps, le malheur....

BAZILE.

Ne peuvent rien contre la probité.

CAROLINE.

Je le crois, je me plais à me le persuader.

BAZILE.

Et vous avez raison. Charles changer à ce point-là! C'te pensée-
là me chagrine.

CAROLINE.

Mais le pere de mon époux?

BAZILE.

Laissez-le faire. Il a pour li les méchans, qui l'excitent peut-être;
et comme vous dites fort ben, vous avez pour vous la nature. Et pis,
quel enfant doit désespérer de son pere? Qu'i soit fâché, qu'i soit
en colere, qu'il ait déjà le bras levé, c'est toujours un pere. Que
le fils se présente tant seulement, et y m'semble....

CAROLINE.

Il vous semble que votre sang vous seroit toujours cher. Heureuse simplicité qu'on ignore dans le monde, et qu'on ne trouve
plus que parmi les citoyens les plus obscurs!

BAZILE.

Caroline, le malheur rend méfiant; mais nous, qui voyons tout
ça de sang froid, qui faisons les commissions des meilleures maisons
du quartier, qui n'ons à faire qu'aux valets-de-chambre et aux
maîtres, et qui savons nous expliquer, Dieu merci, je vous dirons
qu'il est d's'honnêtes gens, que bon sang ne peut mentir, que le
comte de Verneuil n'sera pas l'ennemi de son fils, et que son fils

n'sera pas le bourreau de sa femme, d'son enfant, et d'son ami ?
oui, d'son ami. Charles, commissionnaire, est un brave homme,
et Verneuil le fils, qui auroit racheté son nom par une scélératesse,
désespéreroit Bazile, et ne seroit pas pus heureux. Mais laissons-là
toutes ces imaginatives, et ne pensons plus à des choses dont il est
incapable.

CAROLINE.

Ah ! oui, oui, il en est incapable. Je rougis quelquefois de mes
craintes.... Mais Bazile je suis mere.

BAZILE.

Et n'est y pas pere li, n'est-y pas bon pere ? Allons, Caroline,
n'songeons qu'à le recevoir. V'là l'heure du retour. En le voyant....

CAROLINE.

En le voyant, je ne penserai qu'à mon bonheur.

SCENE II.
Les précédens, LA FLEUR.

LA FLEUR.

N'EST-CE pas ici que demeure un commissionnaire....

BAZILE.

Il y en a deux, monsieur, Charles et Bazile.

LA FLEUR.

C'est Charles que je demande.

BAZILE.

Il est sorti, monsieur.

LA FLEUR, *à part.*

Je le savois bien. (*haut.*) J'en suis fâché ; j'ai de l'argent à lui
remettre.

BAZILE.

V'là sa femme, monsieur, c'est comme si c'étoit li.

LA FLEUR, *à part.*

Elle est très-bien, cette femme-là. Monsieur le comte n'a pas
tort.

CAROLINE.

Ne vous trompez-vous pas, monsieur ? De l'argent à mon mari :
personne ne lui en doit.

LA FLEUR, *tirant une bourse.*

Voilà cependant une bourse.....

CAROLINE.

Ah ! vous vous trompez, vous vous trompez, monsieur. Une
bourse pleine d'argent ! Ce n'est pas à nous qu'elle est destinée.

LA FLEUR, *à part.*

Elle paroît désintéressée. (*haut.*) Pardonnez - moi, madame,
cette bourse est pour Charles, un commissionnaire....

BAZILE.

C'est bien lui.

LA FLEUR.

Un homme honnête, affable, d'une figure intéressante.

CAROLINE, *se levant vivement.*

Oh ! oui, monsieur, c'est bien lui.

LA FLEUR, *à part.*

Aimeroit-elle son mari ? (*haut.*) Qui a une femme malheureuse,
dont la triste situation....

CAROLINE, *tristement.*

Ce n'est plus lui, monsieur, remportez votre argent.

LA FLEUR.

Cependant monsieur le comte m'a bien recommandé....

CAROLINE.

Le comte de Verneuil, monsieur ? (*à part.*) Mon sang se glace.

LA FLEUR.

Non, madame ; le comte de Preval.

CAROLINE.

Monsieur le comte de Preval ! Nous ne le connoissons pas ; Charles du moins ne m'en a jamais parlé.

LA FLEUR.

Il vous connoît, lui. C'est un homme unique par sa bienfaisance, par son activité à chercher et soulager les malheureux.

CAROLINE.

C'est-à-dire, monsieur, que c'est une aumône que vous nous apportez ? Remerciez monsieur le comte, et dites-lui que Charles laborieux, que sa femme économe, n'ont besoin des secours de personne, et qu'ils refusent un don, qui peut être plus utilement placé.

BAZILE.

Ben !

LA FLEUR, *à part.*

Elle est fiere : il faudra faire un siége dans les regles. (*haut.*) Mais vous refusez, madame, d'une maniere bien peu réfléchie. Songez qu'un grand seigneur....

CAROLINE.

Un grand seigneur a droit à nos respects, s'il s'est rendu respectable et rien au-delà. Croyez, monsieur, que nous connoissons nos devoirs, et que nous savons les remplir.

BAZILE.

Voilà ce qui s'appelle raisonner !

LA FLEUR.

Cependant, madame ...

CAROLINE.

Cependant, monsieur, si vous aviez besoin d'un plus long entretien, pour vous convaincre de nos sentimens, mon mari va rentrer, vous êtes le maître de l'attendre. (*Elle va s'asseoir.*)

LA FLEUR, *à part.*

Non, je n'en ai pas envie. Mais, madame, monsieur Charles, avec son intelligence, son ton d'éducation, son affabilité, qui se font remarquer de tout le monde.... on le plaint, on dit qu'il n'est pas né pour être commissionnaire.

BAZILE, *d'un ton piqué.*

Pourquoi donc cela, monsieur ? ne faut-y pas qu'il fasse laquais ?

LA FLEUR, *à part.*

Voyez ce maraud. (*haut.*) Non, monsieur, il n'est pas fait pour cela.

BAZILE.

Je le pensons d'même. (*bas à Caroline.*) L'fils du comte de Verneuil.

CAROLINE, *bas à Bazile.*

Silence, au nom de Dieu.

LA FLEUR.

LA FLEUR.

Monsieur le comte de Preval a des vues sur lui, et sa protection le conduira bientôt à quelqu'emploi honnête et lucratif.

CAROLINE, *se levant précipitamment.*

Quoi vraiment, monsieur le comte s'occupe de nous ? Il penseroit.... Ah ! Charles.....

LA FLEUR, *à part.*

Enfin j'ai trouvé l'endroit sensible. (*haut.*) N'en doutez pas, madame ; monsieur de Preval, ami intime du ministre, n'a qu'à parler pour obtenir. Le digne homme que mon maître ! Combien de malheureux il a sauvé du désespoir ! Je vous l'ai dit ; il n'attend pas qu'on le sollicite : ses secours vont au-devant de celui qui souffre. Il est riche, il est puissant, et il ne fait que du bien.

BAZILE.

C'est un homme rare.

CAROLINE, *avec réflexion.*

Mais, dites-moi, monsieur, par quel hazard monsieur le comte nous a découvert ? Comment il a formé le projet.... C'est que tout cela n'est pas clair.

LA FLEUR, *à part.*

Mentons toujours, puisque cela réussit. (*haut.*) C'est moi, madame, qui suis chargé des informations. C'est moi qui vais par-tout, qui vois tout, qui lui recommande les honnêtes gens, à qui il peut être utile.

BAZILE, *avançant une chaise.*

Asseyez-vous, s'il vous plaît, monsieur.

LA FLEUR.

Je vous ai suivi les jours de repos, j'ai épié vos démarches, vos actions. J'ai vu une famille respectable éviter les lieux publics, s'écarter de la foule, paroître se suffire à elle-même.

BAZILE.

Comme un antichambre vous donne de l'esprit !

LA FLEUR.

J'ai vu une femme jolie, avec des graces modestes, un enjoûement réservé.... (*à part.*) C'est monsieur le comte qui a vu tout cela. (*haut.*) Il s'est passionné.... (*se reprenant.*) Je me suis passionné pour.... (*cherchant.*) pour cet aimable enfant, qui répond par ses caresses enfantines à l'amour de ses parens. Les attentions de monsieur Charles, sa gaieté pure, m'ont également intéressées. J'ai pris des informations, qui ont été à votre avantage. Avec quelle ardeur j'ai parlé de vous à mon maître ! Avec quel zele je l'ai prié de placer votre mari ! Il l'a promis et il tiendra parole. En attendant, il vous prie d'accepter cette petite somme, pour vos besoins les plus pressans.

CAROLINE.

J'accepte avec reconnoissance sa protection et ses bons offices ; je refuse son argent : dites-lui, monsieur, que nous attendons l'effet de ses bontés, qui peuvent ajouter à notre fortune, sans influer sur notre félicité.

LA FLEUR, *à part.*

Ma foi, qu'il vienne lui-même, je ne sais comment....(*haut.*) Mais, madame, monsieur le comte de Preval ne veut point vous

B

humilier par un présent : c'est un prêt qu'il vous fait, et rien de plus. Il m'a bien recommandé de vous le dire.

CAROLINE.

Je ne puis l'accepter à l'insu de mon époux.

LA FLEUR, *à part.*

Il m'a ordonné de laisser l'argent. (*haut.*) Il me semble, madame, que vous risquez d'indisposer monsieur le comte, il ne vous connoît, que par ce que je lui ai raconté de vous ; et cette fierté peut lui paroître déplacée. Rejetter l'argent d'un homme, qui veut assurer à votre époux une fortune digne de lui ! perdre peut-être, et par votre faute, le seul protecteur qui s'intéresse à votre enfant... Mais pensez donc, réfléchissez....

CAROLINE.

Je ne prendrai rien sur moi, monsieur. (à *Bazile.*) Charles devroit être ici. (*à la Fleur.*) Attendez mon mari, je vous en prie, vous vous expliquerez avec lui.

LA FLEUR.

Je le voudrois de tout mon cœur, mais j'ai encore des infortunés à visiter, il est tard, et il faut que je rende compte ce soir des opérations de la journée. Je vous laisse, madame, et je remporte une somme, que je vous offrois avec un plaisir bien vrai. Je prévois un effet cruel, du rapport que je serai obligé de faire. Mais vous le voulez....

BAZILE.

Prenez, Caroline, prenez, quitte à le rendre, si Charles n'est pas content.

CAROLINE.

En vérité, monsieur, je ne sais si je dois.... si je peux....

LA FLEUR, *lui remettant la bourse.*

Vous acceptez ?

CAROLINE.

Oui, monsieur.

LA FLEUR, *à part.*

Vous en payerez l'intérêt.

CAROLINE.

Mais pour un moment. C'est à Charles à prendre un parti.

LA FLEUR, *à part.*

Je prends le mien. (*haut.*) Adieu, madame, j'espere dans peu vous apporter des nouvelles consolantes, à moins que monsieur le comte ne veuille lui-même jouir de cette satisfaction.

CAROLINE.

Monsieur le comte ?

LA FLEUR.

Oui, madame, ne vous étonnez pas, si vous le voyez ici, il est si bon, si populaire ! Adieu, madame, adieu ; oh, vous le verrez. (*à part ; en sortant.*) Car, pour moi, je n'y reviendrai plus, cette femme est trop intraitable.

_____

SCENE III.

BAZILE, CAROLINE, CECILE.

CAROLINE.

EH bien, Bazile, que dites-vous de cette aventure ?

BAZILE.

Ça promet.

CAROLINE.

Et cela m'afflige. La crainte seule de perdre un protecteur.....
Ce comte que nous ne connoissons pas, ses offres que nous n'avons
pu mériter, cette bienfaisance si rare, et qui vient au-devant de
nous. ... Tenez, Bazile, au premier mot du domestique, j'ai
éprouvé un serrement de cœur. ...

BAZILE.

Ah ! vous êtes toujours comma ça.

CAROLINE.

Il me sembloit voir un émissaire du comte de Verneuil. C'est qu'il
est si naturel de ne penser qu'à ce qui nous intéresse ! La crainte,
ainsi que l'espérance, a ses illusions. Puissé-je me tromper, mon
cher Bazile, puisse un événement heureux détruire à jamais mes
frayeurs.... Le comte de Verneuil....

BAZILE.

Ah ! Vous en revenez toujours-là. Ce comte de Verneuil est - ce
un tigre, est-ce un diable ? C'est un homme, c'est un pere.

CAROLINE.

Il est furieux.

BAZILE.

Il s'appaisera.

CAROLINE.

Je n'ose l'espérer.

BAZILE.

Et vous avez tort. D'ailleurs il est loin, et quand y seroit ici,
vous avez épousé son fils, sans son consentement, c'est une faute,
c'est pas un crime. N'a-t-y pas été jeune, vot'beau-pere ? N'a-t-il
pas fait des frasques aussi ? Les a-t-il oubliées ? Et pis, n'êtes-vous
pas sage, n'êtes-vous pas jolie ? Tout ça ne vaut y pas ben queu-
ques écus ? Laissons faire le temps, c'est un grand maître, il ar-
range tout. J'entends Charles. Ecoutez comme y monte l's'escaliers
en courant. Ah ! vous riez, Caroline. Le fils va faire oublier
l'pere.

SCENE IV.

Les précédens, CHARLES.

CAROLINE, *courant à son mari.*

AH ! mon ami !

CHARLES, *éperdu.*

Laissez-moi, laissez-moi.

CAROLINE.

Charles, vous me repoussez !

CHARLES.

Qu'as-tu dis ?.... Ma Caroline.... Ma femme.... Pardonnes à mon
trouble, à ma terreur.

CAROLINE.

Ciel ! A quoi dois-je m'attendre ?

CHARLES.

Mon pere est à Paris.

CAROLINE, *tombant dans les bras de son mari.*

Je me meurs.

CHARLES.

Bazile, mon ami, ne m'abandonnez pas.

BAZILE.

Non, mon garçon ; non, jamais.

CECILE, *se jettant après sa mere.*

Ma bonne maman !

CAROLINE, *revenant à elle.*

Ton pere est à Paris.

CHARLES.

D'hier au soir. Je viens de rencontrer mon frere, ce frere que j'ai tant aimé, que je n'ai pas vu depuis dix ans, qui occupe ma place dans la maison paternelle, et qui, peut-être....

CAROLINE, *vivement.*

Qui peut-être ?....

BAZILE.

Est un bon, un excellent frere.

CHARLES.

Il m'a contraint à lui donner mon adresse. Il veut me parler, et que me veut-il ? Qu'a-t-il à m'apprendre ! Il paroissoit attendri ; il me plaint sans doute, il ne peut me secourir.

CAROLINE.

Malheureux ! Qu'avons-nous fait !

CHARLES.

Mon pere à Paris ! C'est moi qu'il y cherche, c'est moi qu'il veut frapper.

BAZILE.

Ça n'se peut pas.

CHARLES.

Mon frere.... Que va-t-il me proposer ! Ma Caroline.... ma Cecile.... ma femme, mon enfant, de la constance, du courage, l'instant décisif approche.

CAROLINE.

Charles, je ne vous rappelerai pas vos promesses. Vous vous souvenez du jour où je vous donnai ma main ; ma résistance, mes réflexions doivent vous être toujours présentes. J'ai prévu tout ce qui arrive aujourd'hui, vous combattîtes mes craintes, vous opposâtes le tableau du bonheur à la peinture déchirante que je mis sous vos yeux : je vous aimois.... Ah ! comme je vous aime encore ! Docile à la voix de l'amour, je cédois au desir de faire un époux d'un amant adoré : je me rendis à vos vœux, ou plutôt à mon cœur. Charles, je ne m'en repens pas, peut-être ne m'en repentirai-je jamais.

BAZILE.

Oh, de ça j'en sommes ben sûr.

CAROLINE.

Mais si les promesses de vos parens, si leurs menaces ébranloient.... mon ami, penses à Cecile, penses à cet enfant malheureux, qui ne t'a pas demandé l'existence, et à qui tu dois un pere pour moi....

CHARLES.

Toi ? Tu m'es plus chere que la fortune, que les distinctions que je t'ai sacrifiees.

CAROLINE.

Ah ! laissons nos sacrifices : je t'ai immolé mon repos, il faudra t'immoler peut-être ma réputation et ma vie, nous ne nous devons rien.

CHARLES.

Nous ne nous devons rien ? C'est moi qui te dois tout. Je n'ai perdu que des préjugés ; et c'est par toi que je suis époux, que je suis pere. Ma Caroline, douterois-tu de ma probité ?

BAZILE, à Caroline.

J'vous l'disions ben.

CAROLINE.

Que je serois à plaindre, si ta probité étoit ma seule ressource !

CHARLES.

Ta seule ressource ! Je serois donc devenu ingrat et parjure, je serois donc sans entrailles, et sans énergie ! Ton cœur dément des craintes qui m'outragent, et auxquelles.... Non, auxquelles Caroline ne croit pas.

CAROLINE, comme par inspiration.

Charles, opposons la force à la force. Un ami, un protecteur nous ouvre ses bras. Le comte de Preval....

CHARLES.

Le comte de Preval !....

CAROLINE.

T'estime, t'aime.

CHARLES.

Cela ne se peut pas. C'est un homme sans mœurs.

CAROLINE, effrayée.

Un homme sans mœurs.

CAROLINE, avec timidité.

On dit qu'il a de la fortune.

CHARLES.

Il en abuse.

CAROLINE.

Du crédit.

CHARLES.

A la faveur duquel il se déshonore.

BAZILE.

Ah ! mon Dieu !

CAROLINE.

Il t'offre l'un et l'autre.

CHARLES, troublé.

Caroline, te connoît-il ? T'a-t-il vue ?

CAROLINE, avec douceur.

Non, mon ami ; mais il t'a envoyé un laquais....,

CHARLES.

Ce n'est pas à moi que s'adressoit le message.

BAZILE.

C't'homme paroît pourtant de bonne foi.

CHARLES.

La maison du comte est une école de dissimulation et de libertinage.

CAROLINE.

Ah ! mon ami , que m'apprends-tu ?

CHARLES.

La vérité. Caché dans la foule , je vois , j'observe , et j'entends. Les grands éblouissent le peuple ; cependant ce peuple juge les grands.

CAROLINE.

Les intentions du comte peuvent être pures à ton égard. Il veut te protéger, te placer avantageusement.

CHARLES.

Sa protection excite mes mépris , ses bienfaits me révoltent. Ne m'en parlez jamais.

CAROLINE.

Bazile , je devois suivre mon premier mouvement. (à son mari.) Ma confiance m'a égarée. J'ai reçu une bourse ...

CHARLES.

Une bourse du comte Préval.

CAROLINE.

La voilà.

CHARLES.

Malheureuse , qu'as - tu fait ; C'est peut - être le prix dont il compte payer ta vertu.

CAROLINE, jettant la bourse.

Loin de moi ce métal funeste.

CHARLES.

Oui , métal funeste , qui tient lieu de tout à ceux qui le possedent, et auquel ils pensent que rien ne peut résister.

BAZILE, ramassant la bourse.

Il faut pourtant s'assurer avant tout....

CHARLES, tirant un petit sac.

Voilà de l'argent , Caroline , voilà le seul que tu puisses prendre : il ne coûte rien à ma délicatesse , il est le fruit de mon travail. Laisse cet or ; son aspect me fait mal. Le pain qu'il te procureroit, seroit un pain de douleur, de honte, et de remords. Donnez-moi cette bourse , Bazile.

BAZILE.

V'là de beaux raisonnemens , faut en convenir.

CHARLES.

Vas , Caroline, vas préparer un repas frugal, et n'oubliez jamais que la pauvreté peut être respectable , quand le courage sait l'ennoblir.

CAROLINE.

Bazile étoit présent. Charles, tu me pardonnes.

CHARLES.

Sa bonhommie , ta confiance ne sont pas des crimes. Vas , mon amie , l'innocence n'a pas besoin de pardon. (Ils s'embrassent. Caroline sort avec son enfant. Bazile et Charles entrent dans le cabinet.)

Fin du premier Acte.

ACTE II.

SCENE PREMIERE.

CHARLES, BAZILE, *entrant sur la fin du couplet.*

CHARLES.

QUE de ressource a l'opulence pour entraîner dans le piége une victime innocente ! Mon infortune , mon obscurité n'ont pu me garantir. L'œil du vice qui a pénétré ces murailles , n'a pas dédaigné la misere qui les couvre. Un époux au désespoir, un enfant abandonné , rien ne l'arrête, rien ne lui en impose. Mais moi , moi qui ai prévu l'outrage , dois-je le laisser consommer ? Preval est puissant , je suis homme et j'en soutiendrai le sacré caractere. . . . . Le voilà cet or dont il a cru m'éblouir. C'est moi qui le lui rendrai , c'est moi qui.... Que dis-je ? à chaque minute il devient plus pesant.... Je cours , je vole chez Preval.

BAZILE.

N'vous dérangez pas. Son valet dit qu'il va venir.

CHARLES.

Il va venir ! Il me croit donc bien vil ! Je l'attendrai , mon ami.

BAZILE.

Je l'attendrons ensemble.

CHARLES.

Quoi, tu veux t'exposer.....

BAZILE.

Pourquoi pas ? Est-ce que tu penses que je ne dirions pas ses vérités à un grand seigneur tout comme à un autre , donc ?

CHARLES.

Brave garçon !

BAZILE.

Ah ça , mais , écoutes donc , toi ; es-tu bien sûr qu'il a ces desseins-là ? car....

CHARLES.

Eh , si je n'en étois certain, refuserois-je les avantages qui me sont offerts ?

BAZILE.

C'est-à-dire , que ce comte est un mal-honnête homme ?

CHARLES.

Oui , un mal-honnête homme , c'est le mot.

BAZILE.

Eh ben , laissons-nous faire. Si c'comte , ou si c'valet , avec sa langue dorée , rentre ici , je te les arrangerons....

CHARLES, *rêvant.*

Bazile.

BAZILE.

Qu'eu qu'c'est ?

CHARLES.

Est-ce la première fois que ce valet parle à ma femme ?

BAZILE.

Je le pensons de même.

CHARLES.

Elle a permis que le comte vînt ici ?

BAZILE.

Oh , elle n'a rien dit d'ça.

CHARLES.

Et cette bourse ?....

BAZILE.

Elle n'vouloit pas la prendre , mais je l'y avons excitée.

CHARLES.

Quoi, ce valet; cet or , ces offres inconsidérées faites à une femme charmante , rien ne t'a fait pressentir l'affreuse vérité ?

BAZILE.

Dame , je n'ons pas été élevé dans les vices du grand monde. quand un homme nous dit : je vous aimons, je vous voulons bien , je vous en ferons , je l'en croyons sur sa parole.

CHARLES.

Quelle situation ! un pere menaçant d'un côté, un séducteur puissant de l'autre.

BAZILE.

Y faut appaiser l'un , et rembarrer l'autre.

CHARLES.

Bazile , si tu m'aimes....

BAZILE.

Oh de ça , tu sais ben que....

CHARLES.

Veilles avec moi sur ma Caroline. Tu es facile , mais droit. Je voilà instruit : si la jeunesse , si l'inexpérience de ma pauvre fenne tournoient contr'elle et contre moi....

BAZILE.

C'est-à-dire , que tu la prends pour une idiote ?

CHARLES.

Non, mon ami. Mais il est tant d'écueil à son âge ! L'inforne est peut-être le plus difficile à surmonter... Elle a tant souffert ec moi ! je suis malheureux !.... Peut-être, pour dernier coup, le ort me réserve-t-il ...

BAZILE.

Qu'euque tout ça signifie ! Quoi! parce que c'te femme est pauvre, a n'sera pas honnête J'sommes donc un frippon parce que j'n'avons que nos bras. C'te femme qu'à tout quitté , pour ler par-tout où t'a voulu la mener, qu'à tout souffert sans se plaire, qu'aime tant son enfant qui n'voit qu'toi, qui n'pense qu'à oi, c'te femme va oublier tout ça , parce qu'un laquais habilé de rouge , vient de l'y parler. N'est-tu pas honteux , dis , d'penser ça d'elle ! Queuque tu dirois si elle avoit peur qu'tu retourisse du côté d'ton pere, et qu'tu la plantisses-là avec sa Cecile ? ouverois-tu ça à sa place ?

CHARLES.

Si elle doutoit de mon cœur, si elle en soupçonnoit un ment la pureté et la droiture....

BAZILE.

Eh ben , pourquoi n'veux-tu pas qu'elle soit aussi forte q oi ! Pourquoi ne feroit-elle pas son devoir , comme tu fais en ?

Trois-

N'vois-tu pas ben que la pauvreté avec toi, l'i est pus douce qu'la richesse avec une autre? Elle est jeune : raison de plus pour la plaindre et l'aimer. Elle n'a pas d'expériences? Veilles pour elle, vois tout par tes yeux, et ne t'en rapporte pas à un ami, à qui tu n'te fierois peut-être pas. Ton travail t'oblige à sortir ' Restes ici, et je travaillerons pour toi. Oui, j'aurons moins d'mal à travailler pour deux, qu'à voir que tu soupçonne ta Caroline ; c'est une honnête femme, et qu'y méritoit un mari plus confiant....

CHARLES.

Non, Bazile ; non ; je ne la soupçonne pas.

BAZILE, à part.

Y s'aimont d'tout leux cœur, y s'craignont l'un et l'autre.

CHARLES.

Mais c'est que ce comte.

BAZILE.

Il en sortira avec un pied de nez.

CHARLES.

Je suis bien à plaindre !

BAZILE.

Ça s'passera mon garçon.

CHARLES.

Tu l'espere?

BAZILE.

J'en sommes sûrs....

CHARLES.

Le ciel t'entende, mon ami !

BAZILE.

V'là queuque-zun qui monte.

CHARLES.

C'est mon frere, sans doute.... Moment cruel ! vas Bazile, vas au-devant de ma femme. Engage-la à ne pas rentrer encore. Cette conversation pourroit l'affliger. Ménageons sa délicatesse.

BAZILE, appercevant Verneuil.

Il a l'air bonne personne.

_____

SCENE II.
CHARLES, VERNEUIL fils.

CHARLES.

JE t'attendois avec impatience : l'inquiétude est cruelle. Je suis tourmenté par l'amitié que j'eus toujours pour toi, par la résistance que j'aurai peut-être à lui opposer. Quel que soit le motif qui t'amène ici, quel que soit ton opinion sur ma conduite, souviens-toi que j'ai pris mon parti, et que je suis inébranlable.

VERNEUIL.

Mon frere, je n'ai le droit ni de vous condamner, ni de vous absoudre. Je me garderai bien de prononcer entre mon pere et vous. Je ne viens pas forcer vos sentimens, je n'ai pas même l'intention de les combattre ; mais je vous aime, parce que vous êtes mon frere, je vous plains, parce que vous êtes malheureux, et des conseils, dictés par l'amour fraternel, ne peuvent vous être désagréables.

C

CHARLES.

Malheureux ! Oui , je le suis , si le bonheur réside dans les jouissances d'un luxe insolent , et dans ses superfluités. Mais si la vraie
félicité tient à la paix de l'ame , si les charmes d'un amour mutuel,
si les vertus et la beauté d'une épouse , si les sensations délicieuses
attachées à la paternité , si ces avantages sont quelque chose , com-
parés à des vains préjugés , quel homme fut jamais plus heureux
que je le suis !

VERNEUIL.

Mon ami , l'amour a ses illusions.... Il vient un temps où le ban-
deau tombe, et où la vérité dissipe des prestiges qui nous furent
long-temps chers.

CHARLES.

Des prestiges ? Des illusions ? Quoi, un bonheur que je sens , qui
me pénetre , et dont la douce influence renaît, et se multiplie sans
cesse pour mon cœur , tout cela ne seroit que des chimeres ? Verneuil, peux-tu le penser ? Te flattes-tu de m'en convaincre ? Quand
je sors pour occuper des bras déjà exercés au travail , quand je plie
sous le faix , quand je sens la sueur ruisseler de chaque partie de
mon corps , et que je me dis , courage , Charles , encore un effort , c'est pour ta femme et ton enfant ; ils t'attendent au retour :
alors mon travail s'ennoblit à mes yeux , mon ame s'exalte , mon
courage se ranime , et je vois sans envie passer dans un char doré
l'homme indolent , mort aux vraies jouissances et aux tendres émo-
tions de la nature. Le soir , je reviens gaiement. Ma Caroline ac-
court vers moi , ma petite Cecile se hâte sur ses jambes foibles et
peu sûres encore. Toutes deux me pressent dans leurs bras , m'embrassent tour-à-tour. Un repas frugal , mais où président l'appétit
et la gaieté , termine la journée. C'est quelquefois un pain noir , un
pain qui n'est accompagné d'aucun autre mets ; mais ce pain que je
partage avec des êtres chéris, qui ne doivent leur existence qu'à ma
tendre sollicitude , ce pain paroît délicieux. Soupes avec nous, Verneuil. Tu ne mangeras pas peut-être , mais tu verras le tableau du
bonheur.

VERNEUIL.

Ah ! mon ami , pourquoi mon pere ne t'entend-il pas déployer
cette éloquence persuasive , qui me laisse sans force contre toi ?
C'est un bon pere ; mais il tient à ses opinions , il a pour lui les
loix , et il invoque leur secours.

CHARLES.

J'invoquerai, moi, la nature et les hommes qui la connoissent.

VERNEUIL.

Les hommes sensibles te plaindront et voilà tout. Des juges inté-
gres prononceront la dissolution d'un nœud....

CHARLES.

Ils oseroient le faire !

VERNEUIL.

Ils ne peuvent s'en dispenser.

CHARLES.

M'empêcheront-ils de respecter mes sermens ? Fermeront - ils
mon cœur au cri de ma conscience , qui me répétera sans cesse : sois
honnête-homme et remplis tes engagemens.

VERNEUIL.

Tu as déjà encouru la haine de ton pere.

CHARLES.

Elle est injuste et c'est assez pour moi.

VERNEUIL.

Sa vengeance te poursuivra.

CHARLES.

Je tâcherai de m'y soustraire.

VERNEUIL.

Tu t'en flattes en vain. Tu n'échapperas pas aux recherches de ces êtres vils, qui font métier de la délation et de la trahison.

CHARLES.

Je me défendrai, je défendrai les miens.

VERNEUIL.

Tu succomberas sous le nombre.

CHARLES.

J'aurai fait ce que j'aurai pu. Je recommande ma famille à la providence, et ma vengeance aux amis de la probité.

VERNEUIL.

Foibles ressources ! Il est des moyens plus sûrs...

CHARLES.

Et lesquels ?

VERNEUIL.

Céder pour un moment, paroître te rendre au desir de ton pere, donner les mains à ses projets, et plus tard...

CHARLES.

Déshonorer ma femme ! Verneuil, Verneuil, je ne suis ni foible, ni injuste ; de tels conseils sont déplacés.

VERNEUIL.

Que veux-tu donc dire ?

CHARLES.

Mon devoir, il est au-dessus de vos usages, de vos préjugés et de vos lois. Oublions un moment mon amour, mon bonheur, et tout ce qui m'environne. Ne consultons que l'honneur : il doit être sacré pour toi. Caroline encore enfant, n'ayant que des vertus, ne soupçonnant pas qu'il existât des vices, Caroline me plut, je lui dis, et son cœur fut le prix du mien. Je l'enlevai à sa patrie, je lui fis faire une démarche dont elle ignoroit les conséquences : l'innocence est sans armes ; aussi n'éprouvai-je point de résistance ; mais je jurai par le ciel et par cet honneur qu'on veut que j'oublie, d'être à jamais son amant, son époux, son protecteur. Si je suis tout pour elle, si elle n'a que moi dans l'univers entier, qui sente et qui adoucisse ses peines, dois-je lâchement les aggraver, déchirer un cœur où mon image est gravée en traits de feu, vouer à l'infamie celle qui s'est fiée à ma foi, payer l'amour par un parjure, la confiance par une perfidie, et mon retour à la fortune par le comble de la scélératesse ! Réponds : si tu étois mon juge, oserois-tu prononcer contre moi ?

VERNEUIL.

Ah ! mon ami, tu me soumets, tu me subjugues, et malheureusement je ne puis rien pour toi.

CHARLES, appercevant Caroline.

La voilà celle qu'on veut que je trahisse. Regarde et juges-moi.

C 2

SCENE III.
Les précédens, CAROLINE.
VERNEUIL, *bas à Caroline.*

DISSIMULONS, mon ami.

CHARLES.

Dissimuler ! Je n'ai plus rien à ménager. L'affreuse vérité lui parviendroit tôt ou tard.

CAROLINE.

Qu'ai-je entendu ?

VERNEUIL.

Je voulois t'épargner ce coup : les ménagemens deviennent inutiles. Notre perte est jurée, rien ne peut nous sauver. Nous n'avons plus que mon frere qui s'intéresse à nous ; mais sa tendresse est impuissante, et ses efforts seroient vains.

CAROLINE.

L'extrême danger me rend toute ma fermeté. Je ne suis plus cette femme timide qui te cachoit ses pleurs. Je soutiendrai ton courage, ou je le partagerai. Je me sens assez de fierté pour braver l'orage, et assez de noblesse pour pardonner à nos oppresseurs. Mais rien n'est désespéré encore. Monsieur, vous êtes le frere de Charles, vous lui devez des secours. Si le comte de Verneuil a de la sensibilité, vous saurez l'émouvoir. Si je l'ai offensé, ramené par vos prieres, il me pardonnera une faute dont je ne connoissois pas l'étendue. Je suis pauvre, monsieur, mais ce n'est pas un crime. Je n'ai point de titres ; mais je suis honnête. Telle que j'étois, Charles ne m'a pas dédaignée, et, après plusieurs années, il s'applaudit de son choix. Pourquoi son pere proscriroit-il sa compagne ? Charles en m'élevant jusqu'à lui, est encore ce qu'il fut autrefois. J'ai un enfant, monsieur, et Charles est son pere. C'est pour cet enfant malheureux que j'ose élever la voix. L'habitude du malheur me rendroit peut-être ma situation supportable ; mais mon enfant.... ma Cecile....

CHARLES.

Tu l'entends, Verneuil. Voilà ma femme, voilà ta sœur. Si vraiment je te suis cher encore, peux-tu lui refuser ta protection et ton amitié !

VERNEUIL.

La compagne que tu as choisie doit être digne de toi, et je ne balance pas à me déclarer son frere et son ami.

CAROLINE.

Oui, je suis digne de lui, si l'amour tient lieu de tout. Si mon dévouement pour des parens, qui me persécutent, sans me connoître encore, si la foiblesse de l'innocence sont des titres qui puissent balancer des opinions ; oui, monsieur, j'ose le croire, j'ai quelques droits à votre estime et à votre amitié. Que dis-je ! Vous daignez me les offrir, et pourriez-vous me les refuser ! Vous êtes le frere de Charles ; le même sang circule dans vos veines, les mêmes principes doivent vous animer.

VERNEUIL.

Les sentimens que vous inspirez, madame, ne permettent pas à l'ame qui les éprouve, d'en calculer la légitimité. Je suis vaincu peut-être, par l'ascendant de la beauté, par les graces de la jeunesse, par ce langage intéressant auquel on ne peut résister ; mais j'aime à céder au charme qui m'entraîne. Puissé-je le faire partager à un pere qui a déjà prononcé contre vous. Je connois son inflexibilité ; mais j'espere qu'il ne sera pas sourd à la voix de la raison. Si elle ne suffit pas pour le persuader, j'appellerai la nature à mon aide, j'emprunterai ses expressions, j'en aurai le noble et touchant enthousiasme. J'ai à plaider la cause de la vertu. Mon pere la connoît ; il y est sensible, et il ne me repoussera pas. (*Charles se jette dans ses bras.*)

CAROLINE.

Le ciel enfin nous envoie un ami. Qu'il vous conserve et vous protége. Je ne sais, mais j'aime à croire que je vous devrai mon bonheur et mon repos. Vous êtes l'unique appui d'une famille entiere. Au nom de Dieu, ne l'abandonnez pas. C'est un frere, c'est une niece, c'est une femme infortunée, qui n'espere qu'en vous, qui attend tout de vous, et dont vous ne tromperez pas l'espoir.

VERNEUIL.

Non, madame, non, ma sœur, votre espoir ne sera pas déçu. Je la mériterai cette confiance dont vous m'honorez, et dont je me sens digne. Je vais trouver mon pere, et faire passer dans son ame ce tendre intérêt, cette douce émotion dont vous m'avez pénétré, et qui vous feront toujours des amis de tous ceux qui pourront vous voir et vous entendre.

SCENE IV.
CHARLES, CAROLINE.
CAROLINE.

Je viens de me trouver des forces que je ne me connoissois pas. Ah ! mon ami, que l'amour est puissant, quand il joint à ses droits les droits les plus saints de la nature.

CHARLES.

Les préjugés les méconnoissent tous.

CAROLINE.

Ah ! Charles, loin de combattre ma foiblesse, tu m'ôtes la derniere ressource du malheureux, l'espérance qui me soutient encore. Ah ! mon ami, si l'idée d'un avenir plus doux n'est qu'une illusion, de grace laisse-la-moi : je n'y renoncerai peut-être que trop tôt.

SCENE V.
BAZILE, CHARLES, CAROLINE.
BAZILE, *appercevant Caroline.*

Ah ben ! c'est bon, ça ! J'avions beau vous chercher et vous attendre. (*à Charles.*) Est-ce qu'elle a entendu ?

CHARLES.

Tout, mon ami, et elle vient de se montrer plus confiante que moi.

BAZILE.

C'est joli, ça. Parlez-moi d'une femme qui n'perd pas la tête. Ah ça ! Et ce monsieur !

CAROLINE.

C'est le digne frere de Charles.

BAZILE.

C'est un brave garçon, pas vrai! V'là comme vous êtes, vous autres. Vous avez toujours peur. J'étions sûr, rien qu'à le voir, qué ce monsieur-là étoit honnête et loyal. Dame, c'est que j'ons le tact pour vous dévisager un homme. Et où ce qu'il est allé!

CHARLES.

Parler à mon père, mon cher Bazile, et le gagner s'il est possible.

BAZILE.

V'là ce qui s'appelle un frere. Mais pourquoi que tu n'y vas pas, toi? On fait toujours mieux ses affaires soi-même que par ambassadeur.

CHARLES.

Je crains....

BAZILE.

Quoi! N'as-tu pas peur qu'il t'batte! Que ton frere li parle le premier, à la bonne-heure: il essuiera la bourasque. Tu viendras ensuite, et ton pere aura la langue morte, car enfin on ne peut pas toujours crier.

CHARLES.

Ah! si j'osois....

BAZILE.

Tiens, Charles, les absens avons toujours tort. Mais juges des autres par toi-même. Si ta Cécile, dans quelques années, se brouilloit avec toi, qu'a vînt par après te demander pardon, est-ce que tu la rébuterois, réponds? Est-ce que t'en aurois l'courage? Hé ben, mon ami, je descendons tous du bon pere Adam, je sommes tous pétris du même limon. Ton pere n'sera pas pus dur qu'tu n'serois toi-même en pareil cas.

CAROLINE.

Ah! mon ami, je crois qu'il a raison.

BAZILE.

Et Caroline, pourquoi qu'a n'y va pas aussi! La jeunesse plait toujours, et tenez, quand on est jolie et qu'on sait tourner un compliment, on n'est pas en peine de s'tirer d'affaire.

CAROLINE.

Si je pouvois pénétrer jusqu'à lui....

BAZILE.

C'est ben aisé.

CAROLINE.

S'il pouvoit m'entendre....

BAZILE.

Faudra ben qu'i vous écoute. J'irons devant et je vous annoncerons.

CHARLES.

Quoi, Bazile....

BAZILE.

Queu qu'il y a encore? Est-ce que tu t'imagines que je serons gêné pour l'y dire: vôt'fils fait ce qu'il doit, et vous le savez ben. Vous n'avez pas vu sa femme, et i'n'faut jamais se faire fi de ce qu'on ne connoît pas.... Attendez, attendez, je vais li parler, et de la bonne maniere. (*Fausse sortie.*) A propos et où ce qu'i demeure?

COMEDIE.

CHARLES.

Ah ! je n'ai pas pensé.....

BAZILE.

A li demander son adresse. Mais, queu gens, êtes-vous donc vous
autres ? Diable emporte, vous n'avez pas plus d'tête que des hanne-
tons. Mais, vas donc, cours : il n'est pas loin c't'homme. Regardez
s'i'remue. Attendras-tu que les huissiers viennent te déclarer que tu
n'es pus l'mari de ta femme, que tu n'es pus l'père de ton enfant ?
Mais, vas donc, au nom de Dieu, vas donc.

CHARLES.

J'y vais, mon ami, j'y vais.

BAZILE.

C'est ben heureux.

SCENE VI.
BAZILE, CAROLINE.
BAZILE.

AH ! vous allez voir comme j'vais vous r'tourner c't'affaire-là.
Vous viendrez avec moi, vous autres, vous m'entendrez pérorisér
d'l'antichambre. Oh, c'est que je sommes fermes quand i's'agit d'la
raison et d'nos amis. Hé, hé ?

CAROLINE.

Bazile vous espérez donc....

BAZILE.

Comment, si j'espere ? Alle est bonne là, avec son espérance.
Vous autres gens éduqués vous ne connoissez qu'des simagrées et
des façons, et nous j'allons droit au fait. J'le saluerons d'abord,
car à tout seigneur, tout honneur ; j'ajouterons, j'ajouterons....
Mais j'étudierons ça en route, car faut faire un discours analogue
à la circonstance.

SCENE VII.
BAZILE, CAROLINE, LE COMTE DE PREVAL.
LE COMTE.

QUE je m'estime heureux, belle Caroline, de vous rencontrer
chez vous ! Je viens vous entretenir de choses sur lesquelles il paroît
que mon valet s'est mal expliqué, je viens combattre de petits scru-
pules, que, sans doute, je n'aurai pas de peine à dissiper.

CAROLINE.

Monsieur est le comte de Preval ?

LE COMTE.

Oui, ma belle.

BAZILE.

Vous n'perdez pas d'temps, monsieur, à c'qu'i m'paroît.

LE COMTE.

Quel est ce garçon-là ?

CAROLINE.

C'est un honnête-homme, l'ami intime de Charles.

LE COMTE.

Et peut-être un peu le vôtre ?

CAROLINE.

J'aime tous les amis de mon époux.

LE COMTE.

En ce cas, vous ne pouvez me refuser un peu d'amitié, personne ne s'intéresse plus vivement que moi au sort de Charles, personne n'est plus disposé à lui donner des preuves de bonté et d'attachement.

CAROLINE.

Ces preuves, monsieur, ont été déja trop loin ; je ne sais comment nous avons pu mériter....

LE COMTE.

La beauté a des droits aux hommages de tous les hommes, et la beauté souffrante est plus intéressante encore.

CAROLINE.

J'ai l'honneur de vous prévenir, monsieur, que de tous les suffrages celui de Charles est le seul qui puisse me flatter. Je suis loin de me croire belle ; mais il me suffit de le paroître à ses yeux. Quant à l'intérêt que vous me témoignez, j'ignore sur quoi il est fondé. Jamais je n'ai importuné de mes plaintes l'opulence ni la grandeur. Dans notre médiocrité, nous sommes quelquefois utiles à nos semblables, et nous vous remercions de vos offres avec la modestie qui convient à notre situation, et la noble fierté qui sied à l'indépendance.

BAZILE, à *Caroline.*

Ferme, ça va ben.

LE COMTE.

Vous m'étonnez, Caroline.

CAROLINE.

Tant pis pour celles qui vous ont autorisé à douter des vertus les plus simples.

LE COMTE.

Vous avez vu votre mari?

CAROLINE.

Il me quitte à l'instant.

LE COMTE.

Et il vous a fait la leçon ?

CAROLINE.

Il est des choses, monsieur, sur lesquelles je n'ai besoin des avis de personne.

LE COMTE.

Cependant cette bourse que vous avez acceptée....

CAROLINE.

Ne m'engage à rien. Je ne l'ai reçue que conditionnellement.

LE COMTE, à *part.*

Réponse à tout. (*haut.*) Oui, vous vous êtes réservé de consulter Charles.

CAROLINE.

Et je le devois, monsieur. Une femme qui respecte son mari, qui s'estime elle-même....

LE COMTE.

Oh, grace, s'il vous plaît, de ces maximes qui portent avec elle l'ennui et le dégoût. Je ne suis pas venu ici pour essuyer un sermon. Voici le fait, je vous ai envoyé de l'argent, parce que j'ai présumé que vous en aviez besoin, je vous ai fait offrir ma protection, parce que je crois qu'elle peut vous être utile. Vous êtes épouse, vous êtes mere

mere ; nous observerons la bienséance qu'exigent ces deux titres. Je procure à Charles un emploi lucratif dans nos colonies. Vous éleverez votre enfant dans la plus grande aisance, et je veillerai moi-même à son éducation.

BAZILE.

Monsieur s'embarque aussi pour les grandes Indes.

LE COMTE.

Non, monsieur, je ne m'embarque pas. Je garde avec moi la belle Caroline, dont la santé délicate ne supporteroit pas un aussi long voyage, et je.....

BAZILE, *chantant.*

On s'expose à compter deux fois.

CAROLINE.

C'est assez, monsieur, terminons un entretien qui me gêne, et qui ne vous conduiroit à rien. Supprimez un langage qui ne convient point à mes mœurs, et qui ne prouve pas en faveur des vôtres.

SCENE VIII.

Les précédens, CHARLES, *dans le fond du théâtre.*

CHARLES.

C'est Preval.

LE COMTE.

La belle Caroline a de la mémoire. Tantôt elle ne parloit pas ainsi.

CAROLINE.

C'est qu'il est difficile d'être en garde contre des piéges qu'on ne soupçonne pas.

LE COMTE.

Voilà du Charles tout pur. C'est un beau parleur, dit-on, que ce Charles.

BAZILE.

Oui, monsieur, i'parle ben et pense d'même.

LE COMTE.

C'est fort bien, c'est fort bien, mon ami. Vous êtes décidement l'ami de la maison.

BAZILE.

Oui, monsieur, je sis l'ami de la maison, et j'm'en pique.

LE COMTE.

Allons, Caroline, soyez de bonne foi. Convenez du moins que c'est une cruelle chose qu'un mari jaloux. Ces gens-là voient tout en noir, et l'intrigue la plus innocente,...

CHARLES.

Quelle horreur !

BAZILE.

Qu'appelez-vous intrigue ! N'y a pas ici de femme à intrigues, entendez-vous, monsieur, et vous êtes un mal avisé.

LE COMTE.

Caroline, vous avez fait un choix d'un ami qui s'exprime fortement, et qui n'a pas....

CAROLINE.

Ce vernis imposteur, dont on décore les vices.

D

LE COMTE.

Madame, madame, il faut que j'aie autant d'amour pour supporter....

CHARLES, *avec une colere concentrée.*

C'est donc de l'amour que vous avez, monsieur ?

BAZILE.

Oui, v'là l'grand mot lâché.

CHARLES.

Vous ne trouverez ici ni complices, ni victimes, je vous en avertis. Voilà votre or, monsieur ; ma femme, en l'acceptan:, n'a prouvé que la simplicité de l'innocence. Je vous le rends, moi, avec connoissance de cause. Je vous fais grace des reproches que mérite votre conduite, et s'il vous reste quelque délicatesse, vous me saurez gré de la mienne. Vous vous êtes doublement trompé sur mon compte. J'estime trop mon épouse, pour en être jaloux. Elle peut quelquefois avoir besoin de mes conseils; mais elle est toujours à couvert du blâme. D'ailleurs, fût-elle en effet malheureuse, je suis maître chez moi, et jamais personne n'aura le droit de régler ma conduite. Pour vous, monsieur, voilà la premiere fois que vous vous montrez dans un asyle qui devroit vous être inconnu : j'ose espérer que ce sera la derniere, je vous en prie, et je me flatte que vous ne me refuserez pas la seule grace que j'attends de vous.

BAZILE.

Hé ben, qu'eu qu'vous direz à ça ?

LE COMTE.

Qu'on se trompe quelquefois sur les objets des graces qu'on se plaît à répandre.

CHARLES.

Dispensez-moi de parler plus clairement. L'explication ne seroit pas à votre avantage.

LE COMTE.

Mais quelquefois aussi, on a assez de crédit pour venger des outrages....

CHARLES.

Je vous entends, monsieur ; il faut opter entre l'infamie et votre haine. Mon choix n'est pas douteux.

LE COMTE.

Vous bravez tout, vous autres, qui n'avez rien à perdre. Mais quand on est bien avec le ministre....

BAZILE.

Et qu'on vous ressemble ; c'est signe que la France est bien gouvernée.

CHARLES.

Silence, Bazile, s'il vous plaît. Je respecte tous les dépositaires de l'autorité ; et je les estime assez, pour croire qu'ils ne seront pas les instrumens d'une basse passion, et qu'ils ménageront l'homme honnête qui sait vous résister.

LE COMTE.

On saura rabattre ce petit orgueil.

CHARLES.

Je ne vous crains pas. Je suis votre égal par la naissance, et suis au-dessus de vous par les sentimens.

CAROLINE, *d'un ton suppliant.*

Mon ami ?

BAZILE.

Oui, morgué, c'est ben dit, l'fils du comte de Verneuil s'mo-
que d'vous et d'vos pareils.

LE COMTE, *vivement.*

Vous êtes le fils du comte de Verneuil ?

CHARLES.

Que vous importe ?

LE COMTE.

Qui a des terres en Picardie ?

BAZILE.

En Picardie, ou ailleurs ? mais qu'est à Paris, à bon compte,
et qu'a l'bras aussi long qu'vous, entendez-vous ?

CAROLINE.

Bazile, qu'avez-vous dit ?

LE COMTE, *à part.*

Ah ! je respire.

CAROLINE, *à Charles et à Bazile.*

Venez, mon ami, venez, Bazile. (*au comte.*) Monsieur, il ne
nous reste qu'un cabinet, et nous nous y retirons. Faites - nous la
grace de ne pas nous y suivre. (*en sortant.*) O mon Dieu, détournez
de nous les malheurs qui nous menacent, ou donnez-nous la force
de les supporter. (*Elle emmene Bazile et son mari, qui, en sortant,
regarde le comte d'un air menaçant.*)

SCENE IX.
LE COMTE, *seul.*

Ah ! monsieur Charles, vous êtes le fils du comte de Verneuil !
Un mariage en l'air, une fugue de la maison paternelle, et de grands
mots pour marquer tout cela : me voilà au courant des choses. La
jeune personne joue son rôle à ravir. Ses graces négligées, son petit
air revêche, la rendent plus intéressante encore. Parbleu, je n'en
aurai pas le démenti. Puisque Verneuil est à Paris, je le découvrirai facilement, j'irai le trouver, et je connois des moyens de
mettre à la raison monsieur Charles et sa petite moitié.

Fin du second Acte.

ACTE III.
Le Théâtre représente un sallon.

SCENE PREMIERE.
VERNEUIL pere, VERNEUIL fils.

VERNEUIL pere.

Non, monsieur ; non, je n'en entendrai pas davantage. Vos réflexions ne rendent pas la faute de votre frere moins grave, et je
n'en suivrai pas moins mes projets.

VERNEUIL fils.

Mais, mon pere....

VERNEUIL pere.

Mais, mon fils, il n'y a point d'erreur qu'on ne puisse colorer

avec un peu d'esprit. D'ailleurs, vos instances me fatiguent : faites-
moi grace de ce que vous pourriez ajouter encore.

VERNEUIL fils.

Me faites-vous un crime de mes prieres ? Voudriez-vous....

VERNEUIL pere.

Non, je ne blâme pas, j'en conviens, le sentiment qui vous a
conduit vers moi. Votre frere a toujours des droits à votre amitié,
et vous avez dû prendre sa défense. Mais ce frere rebelle à mes vo-
lontés, insensible à mes menaces, passant du désordre à la misére,
et n'ayant plus qu'un pas à franchir, pour tomber dans l'avilisse-
ment, votre frere a éteint en moi tout sentiment de tendresse. Enfin,
mon fils, vous venez de faire votre devoir, et je ferai le mien.

VERNEUIL fils.

Quoi, décidement, monsieur, vous allez vous armer contre lui,
solliciter la cassation d'un mariage.....

VERNEUIL pere.

Je ferai mieux, monsieur, je l'obtiendrai. Votre frere ne m'a pas
consulté, pour se livrer à son fol amour. Il n'ignoroit pas cependant qu'il étoit sous ma dépendance, il connoissoit les lois : a-t-il
cru que je n'en réclamerois pas l'appui ? S'est-il flatté d'échapper à
leur vengeance ? Vous flattez-vous, vous-même, qu'oubliant les
obligations de mon état, renonçant au fruit de trente ans de soins et
de travaux, je partagerois enfin les égaremens de votre frere par
une indulgence criminelle, que je compterois pour rien son état
perdu, mes espérances évanouies, l'estime publique éteinte sans
retour ?

VERNEUIL fils.

Vous le jugez bien sévérement, mon pere, si vous pensez....

VERNEUIL pere.

Jeune homme, si jamais vous êtes pere, vous apprendrez peut-
être, ce qu'il en coûte au bon cœur pour en déchirer un autre. Vous
ne soupçonnez pas ce qui se passe dans le mien ; mais je suis comptable de ma conduite à tous les peres de famille, à tous les amis de
l'ordre, qui, dans ce moment, ont les yeux fixés sur moi. Si votre frere n'eût violé que des préjugés, je lui pardonnerois, et je
m'en sens capable, mais sa fortune renversée, sa réputation perdue, et le mépris des honnêtes gens, sont-ce là des chimeres,
monsieur ? Rangé dans la derniere classe du peuple, vendant son
temps et son travail à quiconque veut les payer, exposé aux outrages de l'opulence, dénué enfin de cette énergie qui releve une ame
dégradée, et lui rend son premier lustre, tel est votre frere. Est-ce
à ces traits que je dois reconnoître mon fils ?

VERNEUIL fils.

Sa déplorable situation fait sa gloire, elle est l'effet de sa noble
résistance qu'il oppose à l'adversité.

VERNEUIL pere.

Elle est l'effet de son entêtement. Cet héroïsme prétendu ne peut
tenir contre l'examen de la raison. Il peut en imposer à ces jeunes
gens inconsidérés, qui n'aprofondissement rien ; mais je n'y vois,
moi, que l'éloignement de tous ses devoirs, qu'un vil moyen de
persévérer dans son odieuse conduite, de se conserver une femme...

V E R N E U I L fils, *vivement.*

Comme il y en a peu. Une femme charmante.

V E R N E U I L pere.

Une femme charmante! Ils ont tout dit, quand ils ont prononcé
ce mot-là. Mais je veux qu'elle soit telle qu'elle vous a paru, qu'elle
mérite jusqu'à un certain point le rare éloge que vous m'en faisiez
tout-à-l'heure, qu'en faut-il conclure ? que si elle étoit sans agrémens, sans douceurs, sans quelques qualités estimables, peut-être,
elle n'exerceroit point sur votre frere un empire aussi absolu. Mais
si toutes les femmes, pourvues de quelques attraits, s'en faisoient
des titres pour prétendre aux plus hauts partis, qu'en arriveroit-il ?
La ruine des familles, le renversement de l'ordre, le mepris de
l'autorité paternelle, et plus-tard, les regrets, la honte et la douleur. Oui, un mariage disproportionné est un attentat contre la société, et elle a dû armer les lois contre les séductions d'un sexe et
les folles passions de l'autre.

V E R N E U I L fils.

Ces idées, mon pere, justes et vraies en général, n'empêchent
pas des exceptions méritées. Mon frere est un homme d'honneur.

V E R N E U I L pere.

A vos yeux. Aux miens ce n'est qu'un rebelle, que rien ne peut
justifier.

V E R N E U I L fils.

Je le justifierois, mon pere, si vous vouliez m'entendre avec
tranquillité.

V E R N E U I L pere.

Vous ne pouvez rien me dire que vous ne m'ayez déjà dit, finis-
sons et laissez-moi.

V E R N E U I L fils.

Encore un mot, de grace.

V E R N E U I L pere.

Vous abusez de ma patience.

V E R N E U I L fils.

Si vous voyiez son épouse....

V E R N E U I L pere.

Son épouse, dites-vous ? Une inconnue....

V E R N E U I L fils.

Ses parens sont honnêtes.

V E R N E U I L pere.

Sans fortune....

V E R N E U I L fils.

La vôtre est considérable.

V E R N E U I L pere.

Sa naissance....

V E R N E U I L fils.

C'est un don du hazard.

V E R N E U I L pere.

Et peut-être sans éducation.

V E R N E U I L fils.

Son langage, ses principes annoncent un esprit cultivé et un
cœur pur.

avec un peu d'prit. D'ailleurs , vos i
moi grace de c que vous pourriez aj(

VERNEUI

Me faites-voi un crime de mes pri

VERNEU

Non , je ne âme pas , j'en con
conduit vers mi. Votre frere a tou
et vous avez dprendre sa défens
lontés , insensile à mes menaces
et n'ayant pluqu'un pas à franc
ment , votre fre a éteint en moi
mon fils , vou venez de faire v

VERN

Quoi , décidment , monsieur
solliciter la caation d'un marja

VERN

Je ferai miex , monsieur , j
consulté , pot se livrer à son
dant qu'il étoisous ma dépend
cru que je n'eréclamerois pas
leur vengeancé Vous flattez-v
obligations dmon état , renon
de travaux , jpartagerois enfi
une indulgent criminelle , q
perdu , mes pérances évanot
retour ?

VERN

Vous le juez bien sévérem

VER

Jeune home , si jamais
être , ce qu'ien coûte au b
ne soupçonr pas ce qui s
ble de ma coduite à tou
l'ordre , qu dans ce m
tre frere n'ct violé qu
m'en sens cable ; m
due , et le épris des
monsieur ? hngé d
temps et sonravail
ges de l'opnce
dégradée , d
à ces traits

Sa dépl
résistanc

Ell
teni
gs

ptôse pour être
jl vouloit trahir
nt , ce seroit à
on devoir. Pas vrai ,
ndit coupable d'une
me sa femme , y ra-
vous la connoîtrez.
notion.

ayons
ne.

.ils.

pere.

filsa

L pere.

sls fils.

oncent un etito cultivé et un

VERNEUIL pere.

Jeune insensé, et quelle preuve vous en a-t-elle donné ? En est-ce une que d'avoir quitté sa patrie en fugitive, que de s'être unie à votre frere contre les lois et sans mon aveu ?

VERNEUIL fils.

Elle étoit enfant alors, et ne prévoyoit pas les suites funestes....

VERNEUIL pere.

A la bonne heure ; mais votre frere étoit un homme fait, et n'a agi qu'avec connoissance de cause.

VERNEUIL fils, vivement.

Sa femme est donc innocente....

VERNEUIL pere.

Et quand elle le seroit, qu'en résulteroit-il ?

VERNEUIL fils.

Que vous devez la plaindre et la secourir.

VERNEUIL pere.

Oui, je la plains, n'en doutez pas : mon ressentiment ne me rend pas injuste. Si, en effet, elle a commis une faute, dont elle ne prévoyoit pas l'étendue, si elle n'a cédé qu'aux pressantes sollicitations de votre frere, si son extrême jeunesse lui a fait violer des bienséances, que peut-être elle ne connoissoit pas, oui, je m'intéresserai à son sort, je l'adoucirai.

VERNEUIL fils.

Et ce foible enfant....

VERNEUIL pere, vivement.

Je ferai tout pour lui.

VERNEUIL fils.

Ah ! mon pere, je ne désespere pas encore de vous voir ratifier un mariage....

VERNEUIL pere.

Ratifier ce mariage ! Quel mot avez-vous osé proférer !

VERNEUIL fils.

Qu'a-t-il donc de si révoltant, mon pere ?

VERNEUIL pere.

Je vous ai dévoilé mes principes. Respectez-les, du moins, si vous ne voulez pas les adopter.

VERNEUIL fils.

Mon malheureux frere est donc perdu sans retour ?

VERNEUIL pere.

Sans retour ! Non, monsieur, son sort dépend de lui.

VERNEUIL fils.

Eh ! mon pere, ordonnez, que doit-il faire ?

VERNEUIL pere.

Vous me le demandez ! Qu'il rompe un engagement qui m'offense, et qu'il n'auroit jamais dû former. Qu'il redevienne mon fils, et je lui rendrai son pere.

VERNEUIL fils.

Ah ! monsieur, à ces conditions....

VERNEUIL pere.

Je vous entends, monsieur. A ces conditions, il refuse mon amitié et le pardon généreux que je voulois lui accorder. Gardez-vous de m'en parler davantage, si vous ne voulez partager avec lui ma juste indignation.

VERNEUIL fils.

Je vous supplie, monsieur...

VERNEUIL pere.

Vous m'avez entendu. Retirez-vous.

VERNEUIL fils.

Vous l'ordonnez ?

VERNEUIL pere.

Retirez-vous, vous dis-je.

VERNEUIL fils, *en sortant.*

Attendons un moment plus favorable.

S C E N E I I.

VERNEUIL pere, *seul.*

IL m'en a coûté pour résister à ce jeune homme, pour lui montrer une inflexibilité qui n'est pas dans mon caractere. J'aime qu'il soit l'ami de son frere. Je ne puis même blâmer intérieurement l'infortuné qui me résiste. Cette résistance prouve son honnêteté. S'il étoit capable d'abandonner sans efforts une femme intéressante, d'oublier un enfant qui lui doit être cher : oui, je le sens, je le mépriserois, et ce seroit pour moi le dernier des malheurs. Mais, si sa conduite est louable, la mienne m'est dictée par des devoirs dont je ne peux m'écarter. La distance des conditions n'est pas une chimere. La différence des fortunes n'est pas une illusion. Mon fils veut sacrifier cet avantage. Je dois m'y opposer, je le dois et je le veux.

S C E N E I I I.

VERNEUIL pere, BAZILE.

BAZILE, *s'échappant des mains des domestiques, qui veulent le retenir.*

MAIS queuque c'est donc qu'ça ? J'vous dis qu'i faut que je lui parle, et pour affaire pressée.

VERNEUIL pere.

Qu'y a-t-il ?

BAZILE.

C'est nous, monsieur, qui venons vous rendre un service, à qui vos valets voulont barrer l'entrée.

VERNEUIL pere.

Laissez cet homme, je l'entendrai. (*Les domestiques sortent.*)

BAZILE, *à la cantonade.*

Allez, messieurs, retournez à vot'poste, et soyez pus polis une autre fois avec l's'honnêtes gens qui avont besoins de vous.

VERNEUIL pere.

Que voulez-vous, mon ami ?

BAZILE, *saluant.*

Monsieur.... Je m'appelle Bazile, honnête-homme de profession, commissionnaire de mon métier, et l'ami particulier de Charles Verneuil que vous connoissez ben.

VERNEUIL pere, *douloureusement.*

Vous êtes son ami.... Ah ! le malheureux.

BAZILE.

C'neu pas mon amitié, monsieur, qui fait son malheur ; ben au contraire, et il vous en rendroit témoignage : c'est la colere, c'est l'abandon de son pere, qui font son tourment. Mais il n'tient qu'à vous qu'tout ça finisse : laissez-là vos orgueilleuses fariboles, morqué, soyez pere : nature va t'avant tout..

VERNEUIL pere, *avec douceur.*

Mon ami, ces choses-là ne vous regardent pas.

BAZILE.

Eh ! pourquoi ça, monsieur ? parce que je sommes apauvré, parce que je n'avons qu'un mauvais habit ? N'faut pas juger l'homme par sa couverture, c'est à l'usé qu'on connoît le drap. Y a là-dessous un bon cœur qui sent vos chagrins, et qui veut y mettre eune définition. N'faut pas être d'qualité, pour compâtir aux peines d'ses semblables.

VERNEUIL pere.

Mon ami, vous m'étonnez.

BAZILE.

Tant pis pour vous, monsieur, si vous pensez qu'i faut un surtout doré pour être franc, sensible, et serviable. Vous êtes étonné d'voir que j'allons droit au but, que j'ne flâgornons pas ? je venons hardiment, parce que j'sommes chargés d'eune bonne cause ; j'avons confiance en vous, parce qu'vous portez un air d'bonté, et que vot' cœur ne donnera pas un démenti à vot' phisionomie. Vous êtes nob', vous êtes riche, c'est bien fait à vous ; mais tout ça n'm'embarlificote pas, je vous en avertis au bout d'tout, vous n'êtes qu'un homme, j'en sis un autre, et entre hommes on peut s'parler.

VERNEUIL pere.

Eh bien, mon ami, parlons. Quel est donc ce service que vous comptez me rendre ?

BAZILE.

Je venons vous empêcher de faire une sottise.

VERNEUIL pere.

Que dites-vous ?

BAZILE, *appuyant.*

Je venons vous empêcher d'faire une sottise. Pourquoi voulez-vous désoler mon ami Charles, et poignarder sa Caroline ! C'est-y juste, c'est-y beau ? d'ailleurs, monsieur, y a un enfant ; y a un enfant....

VERNEUIL pere, *avec sentiment.*

Hé, je le sais.

BAZILE.

Vous le savez ! J'aurions parié qu'vous n'vous en doutiez pas. Oui, monsieur, y a un enfant, beau comme l'amour, et qui vous ressembl' comme deux gouttes d'eau.

VERNEUIL pere.

Ah ! c'est un obstacle de plus....

BAZILE.

Au contraire, monsieur, c'est une raison pour vous adoucir. Qu'eu qu'i vous a fait, c't'enfant, pour l'persécuter drès sa naissance ! est-ce qu'il n'y a pas là queuque chose qui vous dit qu'vous êtes son grand pere, et qu'vous devez être son support ? Et sa mere, la connoissez vous ? Savez-vous que c'est une femme comme y vous en faudroit eune, si vous étiez à marier ? T'nez, monsieur, contentément passe richesse : n'faut pas les mines du Potôse pour être heureux , et Charles en aura assez pour deux. Mais s'i vouloit trahir c'te bonne Caroline, abandonner c'gentil p'tit enfant , ce seroit à vous que je nous adresserions pour l'ramener à son devoir. Pas vrai, monsieur, qu'vous ne souffririez pas qu'i s'rendît coupable d'une pareille indignité ? Mais n'ayez pas peur , il aime sa femme , y ra-ffulle d'sa Cecile , et vous en ferez autant quand vous la connoîtrez.

VERNEUIL pere , *avec émotion.*

C'est assez, mon ami, c'est assez.

BAZILE.

Non, monsieur, je n'aurons pas de cesse que je n'vous ayons abattu tout-à-fait. Vous vous attendrissez, c'est bonne marque. Allons, morgué, vienne un bon remors , que j'ayons la gloire de remettre le pere et le fils dans les bras l'un de l'autre. Dites tant seulement , je l'y pardonne et y tombe à vos pieds.

VERNEUIL pere.

Il est ici !

BAZILE.

Oui, monsieur, il est ici, et c'est nous qui l'i avons amené ; y craignoit d'y venir ; mais je l'y avons répondu d'vous.

VERNEUIL pere.

Il craignoit de venir ! Ah , il sent trop combien mon ressentiment est juste.

BAZILE.

Oui, monsieur, vot' ressentiment est juste, je n'en disconvenons pas; mais , à tout péché, miséricorde. Vous aviez un pere autre-fois, n'avez-vous jamais eu besoin de son indulgence ! Ne vous a t-il jamais rien pardonné ! Mettez la main sur la conscience, monsieur, traitez l's'autres comme vous avez été bien âise qu'on vous traîtît vous même. Charles n'a manqué que parce qu'il a le cœur bon, n'y a pas d'quoi l'y en vouloir toute la vie. Queu plaisir d' pardonner à son fils, d'adopter une famille qu'est si digne d'être heureuse , queu doux momens, vous pouvez vous procurer. Il n'en sera pas r'tardé davantage. J'vas chercher vot'fils , et vous n'm'en dédirez pas.

VERNEUIL pere , *avec effort.*

Gardez-vous-en bien, je vous le défends.

BAZILE.

Comment, monsieur....

VERNEUIL pere, *avec une tendresse qu'il s'efforce de dissimuler.*

Je ne peux pas le voir.... Je ne veux pas le voir, mon cœur lui est à jamais fermé.

BAZILE.

Queu qu'c'est donc qu'ces cœurs d'qualité , où qu'l'amitié va et vient à commandement ! Vous n'aimeriez pas Charles, et vous êtes son pere ! C'est impossible, ça, monsieur. Quoi quand j'l'avons secouru , nous qui ne lui sommes de rien, qui ne l'connoissions pas, qui n'en avions pas seulement entendu parler, vous ne seriez pas honteux de vous montrer pere sans naturel, et d'ajouter à ce que souffre déjà c'pauvre garçon, l'fardeau de vot'inimitié ! Une haine éternelle est indigne d'un honnête-homme, et on n'doit pas frapper l'foible , qui demande grace.... Mais , non , monsieur , non , vous

E

ne persévérerez pas dans de pareils desseins. Vous avez trop compté sur vos forces, en faudroit de surnaturelles, pour résister à un enfant répentant et soumis. Viens Charles, viens mon camarade. Encore un effort, et tout est réparé.

SCENE IV.
Les précédens, CHARLES.

BAZILE, *entraînant Charles vers son pere.*

Le v'là, monsieur, repoussez-le, si vous en avez le courage.

CHARLES, *se jettant aux pieds de son pere.*

Mon pere !

VERNEUIL pere, *se cachant le visage.*

Laissez-moi, laissez-moi.

CHARLES.

Vous me rejettez de votre sein ! Mon pere, que vous ai-je fait ?

VERNEUIL pere, *se retournant vers son fils.*

Ce que tu m'as fait, cruel enfant, tu oses me le demander ? Dans quel état je te revois ?... portant les livrées de la misère, manquant de tout peut-être.....Ah! Charles ! Charles !

CHARLES.

Mon pere; mon digne pere !

VERNEUIL pere.

Viens-tu aggraver mes chagrins, ou viens-tu les effacer ? Mon cœur saigne, en te revoyant. Je ne peux supporter cet aspect, qui me tue. Tu me connois, ingrat : dis un mot, et mes bras te sont ouverts.

CHARLES.

Ordonnez, mon pere. Je vous respecte, je fais plus, je vous aime tendrement. Il m'est affreux de vivre loin de vous. Que ne ferois-je pas pour regagner votre tendresse ? Ordonnez, ordonnez. Je suis prêt à vous sacrifier tout, tout, excepté la nature et l'honneur.

VERNEUIL pere.

Charles, tu vois ma foiblesse : j'aurois voulu te la cacher en vain. J'ai imposé silence à ton frere, j'ai résisté à ton ami ; mais mes forces sont épuisées, et je me montre tel que je suis. Je ressens à la fois tes douleurs et mes peines; leur réunion est trop forte, je ne puis la soutenir. Mon ami, ayes pitié de ma vieillesse; ne me fais pas descendre au tombeau avant le temps; ne m'obliges pas à m'armer contre mon sang, à faire retentir les tribunaux de mes plaintes, à t'accabler enfin, quand tu peux te rendre encore. Vois mes larmes, elles coulent devant toi, et je n'en rougis point. C'est un tribut que m'arrache la nature, et tu n'y seras pas insensible.

BAZILE.

V'là qui m'fait plaisir : c'est charmant d'vot' part.

CHARLES.

Malheureux ! qu'ai-je fait ! J'ai porté la mort dans le sein de mon pere. Mon pere, pardonnez-moi.

VERNEUIL pere.

Hé, qu'ai-je desiré, que de pouvoir t'absoudre ?

BAZILE.

Vous le voyez, m's'amis, dans ce monde i'n's'agit que de s'entendre.

CHARLES.

Livrez-vous à toute votre bonté , mon pere , reconnoissez ma femme , adoptez mon enfant.

VERNEUIL pere , *se détournant.*

Je ne le puis, je ne le puis.

BAZILE, *à part.*

Quoi , encore un vertigo !

CHARLES.

Vous le ferez , mon pere , si je vous suis cher. encore.

VERNEUIL pere.

Charles , veux-tu abuser de mon état , me contraindre à une démarche , que je rétracterois , dès que je serois rendu à moi-même ! Quelle est donc la tyrannie des passions , quelle est donc leur violence , si elles nous égarent ainsi !

CHARLES.

Oui , mes passions m'ont égaré , mon pere , j'en fais l'aveu devant vous. Mais elles m'égarerent à un âge où on ne connoît pas le danger. Elles m'égarerent quand j'osai adresser à Caroline les premiers vœux de cet amour , que vous avez condamné , voilà mon unique faute , la seule dont je puisse me repentir. Mais une enfant , arrachée à ses parens , entraînée dans une terre étrangere , des sermens que vous avez proscrits , mais que j'ai prononcé dans toute la ferveur de mon ame , mon exactitude à les observer , ma constance envers une épouse , ma tendresse envers mon enfant , sont-ce là des liens frivoles que le respect filial doit annuller , que votre sévérité puisse rompre ! Vous m'ordonnez d'être enfant soumis , et vous me défendez d'être pere ! Il faut admettre tous les devoirs du sang , ou les rejetter tous également. Foibles et innocentes créatures , dont l'une s'est confiée à moi , dont l'autre me doit l'existence , je tiens à vous plus qu'à la vie , et jamais je ne vous abandonnerai , j'en atteste le ciel , ce ciel , témoin de mes promesses. Que ses malédictions m'accablent , que sa main soute-puissante s'appésantisse sur moi , si des préjugés l'emportent sur l'homme , et si la tyrannie fait taire la nature.

SCENE V.

Les précédens, CAROLINE, *dans le fond.*

VERNEUIL pere.

MALHEUREUX ! qu'as-tu dit ! Tu accuses de tyrannie un pere ; qui va au-devant de toi , qui ne profere que des paroles de paix , qui la porte dans son sein , et qui veut la faire passer dans le tien. Sais-tu que j'ai fait tout ce que tu pouvois attendre d'un pere indulgent et sensible , que le mépris de mes bontés va rallumer les sentimens de vengeance que je voulois étouffer ? Ne crains - tu pas , fils ingrat et dénaturé , que la malédiction du ciel cette malédiction que tu as pu invoquer , ne soit précédée de la mienne ?

CAROLINE, *à part.*

Ah ! malheureuse !

CHARLES.

J'en mourrois peut-être , mais je la recevrois avec la fermeté du courage , et la résignation qu'inspire l'innocence.

E 2

VERNEUIL pere.

L'innocence qui brave un pere !

CHARLES.

Un pere, qui exige l'impossible.

CAROLINE, à part.

Je suis perdue.

VERNEUIL pere.

Si vous étiez à ma place, vous permettriez-vous ce que vous me demandez ?

CHARLES.

Si vous étiez à la mienne, vous conduiriez-vous autrement ? Répareriez-vous une faute par un crime ? Vous laisseriez-vous intimider par de vaines menaces ?

VERNEUIL pere.

Ainsi donc ces menaces, loin de vous ramener à votre devoir, irritent un caractere fougueux, qui, dès long-temps ne connoît plus de frein ; Charles, Charles, ce moment est le dernier qui vous reste, vous en profiterez, si vos passions vous permettent encore de réfléchir.

CAROLINE, à part.

Je vois ce que je dois faire.

CHARLES.

J'ai résisté à vos larmes, jugez mon pere, si rien peut m'ébranler.

VERNEUIL pere.

C'en est assez, je me montrerai aussi inflexible que le barbare, que rien ne peut amollir. Je le romprai, n'en doutez pas, ce nœud frivole que vous révérez, et que je méprise. Aujourd'hui, aujourd'hui même, vos juges et les miens entendront mes plaintes, et ils n'y seront pas insensibles.

CAROLINE, à part.

Il ne me reste que ce parti, et j'y suis décidée. (à Verneuil pere.) Épargnez-vous, monsieur, une démarche inutile. C'est assez du mépris que vous me marquez, sans y ajouter un éclat déshonorant pour tous trois. La loi parle en votre faveur, profitez-en sans l'invoquer. Victime innocente, je me soumets, je me résigne au coup qui me menace. Loin d'armer le pere contre le fils, je m'immolerai pour les réunir. Jamais l'amour ne me parla aussi haut en faveur de Charles, qu'au moment où je le perds à jamais. Mais je lui impose silence, j'étouffe ses plaintes et ses regrets. Charles étoit mon époux, je pouvois, je devois le croire. Je vous le rends, monsieur, il est libre, et du moins vous ne l'arracherez pas de mes bras.

CHARLES.

Caroline, que fais-tu ?

CAROLINE.

Ce que je dois. C'est pour toi que j'ai abandonné mes parens et ma patrie, c'est pour toi que j'ai supporté la misere, je t'immole à présent ma réputation. (à Verneuil pere.) Voilà le dernier de mes sacrifices, monsieur, la mesure de l'infortune est comblée. Malheureuse de n'avoir plus rien à offrir à l'amant que j'adorai, et à l'époux qu'il faut que j'abandonne.

VERNEUIL, *à part.*

Que sa douleur est touchante! Pourquoi faut-il....

CHARLES.

N'atteste pas l'amour. Il ne connut jamais ces sacrifices affreux, dictés par la crainte, arrachés par la force. Si ton cœur, comme le mien....

CAROLINE.

Arrête, n'ajoute pas à l'horreur de ma situation. Eh! ne sens-tu pas, ingrat, que l'état humiliant où je me réduis pour toi est la preuve la plus forte que je puisse te donner de mon amour? Que l'amour seul est capable de ce dévouement absolu, de ce courage surnaturel, qui te rendent à toi-même et à ton pere? Toi, qui allois calomnier mon cœur, je mépriserois le tien, si tu doutois de ce qu'il m'en coûte pour remplir cet horrible devoir.

BAZILE, *à Verneuil pere.*

Et tout ça n'vous émeut pas. C'est incompréhensible.

VERNEUIL pere, *à Caroline.*

Je commence à vous connoître et à vous apprécier. Votre délicatesse ne sera pas sans récompense. Je me charge de votre bien-être, j'éleverai l'enfant malheureux....

CAROLINE.

Vous me connoissez, dites-vous, et vous croyez que je recevrai vos bienfaits, que je vous confierai ma Cecile! Moi, je mettrois un prix à mon honneur, je livrerois mon enfant à celui qui lui arrache son pere! C'est alors que je mériterois mon sort. Non, monsieur, seule, ignorée et pauvre, mais courageuse et patiente, je ne devrai rien qu'à mon travail. J'éleverai mon enfant dans cette heureuse obscurité où l'on cultive encore les vertus de la nature. Il apprendra de moi à souffrir sans se plaindre, à pardonner à ses oppresseurs, et si je suis condamnée à pleurer sa naissance, je vivrai pour réparer ma faute, et je mourrai sans remords. (*Elle sort.*)

_____

SCENE VI.

VERNEUIL pere, CHARLES, BAZILE.

BAZILE, *à Verneuil pere.*

Vous n'vous rendez pas encore: seriez-vous un méchant homme?

VERNEUIL pere, *à part.*

Cette femme m'a touché à un point.... Que résoudre!... Que faire!....

CHARLES,

Mon pere!.... me blâmerez-vous encore maintenant que vous l'avez entendue?

VERNEUIL pere.

Je suis dans une agitation.... J'éprouve un trouble. . . . Ma tête n'est plus à moi.... Charles, je conçois la force du sentiment qui vous attache à Caroline. De toutes les femmes que je connois, c'est celle qui vous convient le plus parfaitement, si elle joignoit à son mérite et à ses agrémens personnels qui la font aimer.... J'aime, je plains votre Caroline....

CHARLES, *hors de lui.*

Vous l'aimez.... vous l'aimez.... (*à Bazile.*) Entends-tu? Mon pere dit qu'il l'aime.

V E R N E U I L pere.

Mais votre intérêt doit l'emporter dans mon cœur sur toute autre considération.

C H A R L E S.

Quoi, mon pere, vous persistez encore....

V E R N E U I L pere.

Je ne sais à quoi me déterminer.... Je suis dans une situation qui ne me permet pas de prendre un parti.... J'ai besoin de me recueillir, mon fils, retirez-vous. Je ne vous dis pas ce que je voudrois pouvoir faire.... ce que je ferai peut-être; mais, dans tous les cas, soyez convaincu, mon cher Charles, que votre pere est votre meilleur ami. (*Charles lui baise les mains.*)

B A Z I L E.

Viens Charles, viens mon ami : ne dérangeons pas ce brave homme-là. Mais d'queuque façon qu'ça tourne, sois sûr que Bazile te reste, et comptes toujours sur son cœur et sur ses bras.

C H A R L E S.

Je me retire, mon pere, je vous laisse à vos réflexions. Pensez à trois personnes, que vous pouvez élever du fonds de l'abyme au comble de la félicité. Quel que soit l'événement, j'emporte votre estime. Oui, vous m'estimez, mon pere, je vous connois trop pour en douter, et cette persuasion me soutient et me console.

S C E N E V I I.

V E R N E U I L pere, *seul.*

Oui, je t'estime, et comment m'en défendre ! Comment résister à des attaques multipliées, contre lesquelles ma raison est impuissante.... Ils me l'avoient bien dit : cette femme est étonnante. Il en est de plus belles; mais quel séduisant assemblage ! Attraits, graces, esprit, délicatesse, fermeté.... Oui, je l'avoue, à la place de cet infortuné, je ne me conduirois pas autrement.... Cependant, puis je céder ? Si mon cœur, si mon foible cœur le défend, les préjugés, l'opinion publique, le respect humain m'opposent des barrieres que je crains de franchir. Que répondre à ceux qui me reprocheroient ma condescendance, ma foiblesse ? Le bonheur de Charles suffiroit-il pour me disculper ?.... Cruelle incertitude !.... Et pas un ami près de moi à qui je puisse me confier, dont les conseils viennent à mon aide.... Quelle pénible situation !

S C E N E V I I I.

V E R N E U I L pere, U N L A Q U A I S.

L E L A Q U A I S, *annonçant.*

MONSIEUR le comte de Preval.

V E R N E U I L pere.

Faites entrer. (*Le Laquais sort.*)

S C E N E I X.

V E R N E U I L pere, L E C O M T E D E P R E V A L.

L E C O M T E, *l'embrassant.*

EH, mon cher Verneuil, que je suis aise de vous voir : il y a douze ans au moins que je n'ai eu ce plaisir.

VERNEUIL pere.

Il est vrai, monsieur, qu'il y a long-temps que nous nous sommes perdus de vue. Votre crédit est, dit-on, porté au plus haut point, je vous en félicite. Mais je ne suis à Paris que d'hier. Comment avez-vous su.

LE COMTE, *du ton de la fausseté.*

J'étois ce matin chez le ministre, on a parlé de vous, quelqu'un a dit vous avoir vu arriver, je me suis empressé de vous chercher, et de venir vous offrir mes bons offices.

VERNEUIL pere.

Vous me faites plaisir. Je ne connois plus personne à Paris, et je serai bien aise de pouvoir m'y réclamer de quelqu'un qui y jouisse d'une certaine considération.

LE COMTE.

Ah ! par exemple, vous ne pouviez mieux vous adresser. Si vous avez à courir aux personnes en place, je vous recommanderai, je m'en ferai un devoir, et je me flatte que mes sollicitations ne vous seront pas inutiles. Mais quelle affaire vous a donc conduit ici?

VERNEUIL pere.

Un projet médité long-temps, adopté avec peine, et que, peut-être, je n'aurai pas la force d'exécuter.

LE COMTE.

C'est peut-être l'escapade de votre fils aîné, qui...

VERNEUIL pere.

Vous en êtes instruit ?

LE COMTE.

Eh, sans doute, il en a été question ce matin dans les bureaux. On vous plaint, on s'étonne de ce que vous ne l'empêchez pas....

VERNEUIL pere.

J'étois venu dans le dessein de rompre ce mariage.

LE COMTE.

Plaisant mariage ! Combien vous et moi en avons-nous contracté de semblables !

VERNEUIL pere.

Ce n'est pas le moment de plaisanter, monsieur ; je ne suis pas remis encore du trouble où m'ont jettés ces deux infortunés.

LE COMTE.

Vous les avez vus ?

VERNEUIL pere.

Hélas ! oui !   ### LE COMTE.

Et ils vous ont touché, sans doute ?

VERNEUIL pere.

Ah ! au-delà de toute expression.

LE COMTE.

Vous avez toujours été extrêmement facile, mon cher Verneuil, on aura joué la douleur, la probité, on aura hazardé quelques larmes, auxquelles vous aurez répondu par les vôtres, et au lieu d'empêcher votre fils de consommer une sottise, vous y aurez peut-être donné les mains....

VERNEUIL pere.

Non, monsieur, non, je ne suis pas aussi facile que vous l'imaginez. J'ai été sensiblement touché, je l'avoue, du désespoir de

mon fils. Ses prieres m'ont ému, ses raisonnemens m'ont presqu
persuadé. Cependant, je n'ai rien promis, et je suis maître encor
du parti que je voudrois prendre... Me croiriez-vous, Preval, qu'a
moment où vous êtes entré je desirois un ami, dont les conseils dé
sintéressés m'éclairassent dans cette affaire, dont la probité pro
nonçât entre mes devoirs, et le vœu de mon cœur.

LE COMTE.

Je suis l'homme qu'il vous faut et je suis enchanté d'être ici.

VERNEUIL pere.

C'est qu'il est difficile de juger sainement dans sa propre cause
D'ailleurs ils sont tous contre moi. Ils m'attaquent avec tant d'avan
tages..... Cette femme sur-tout.

LE COMTE.

On la dit très-jolie.

VERNEUIL pere.

Très-jolie, non.

LE COMTE, à part.

Il est difficile.

VERNEUIL pere.

Mais si intéressante !.... Une façon de penser si délicate, une no
ble fierté, qui lui sied si bien !

LE COMTE.

Ces femmes-là sont adroites.

VERNEUIL pere.

Non, non, il y avoit une force, une explosion de sentiment don
l'art ne sauroit approcher.

LE COMTE.

Vous l'avez cru.

VERNEUIL pere.

Je n'en saurois douter.

LE COMTE.

En ce cas, mon ami, mes conseils vous sont inutiles.

VERNEUIL pere.

Au contraire, Preval, il m'en faut de solides, de soutenus ?
je veux me soustraire à la séduction....

LE COMTE.

Quoi, vraiment vous avez été sur le point de céder à leurs sol
citations !

VERNEUIL pere.

Oui, monsieur, et dans ce moment même je ne sais encore,
quoi je vais me résoudre.

LE COMTE.

Je ne sais pas, mais si je peux combattre des dispositions où
entre de la foiblesse ; mais que je dois respecter, si je ne veux ps
me brouiller avec votre fils, il est vrai que sa position ne le rel
pas bien dangereux pour quelqu'un que la chose n'intéresseroit pa;
convenez qu'il seroit plaisant de voir le fils du comte de Verneil
adossé... attendre les chalands... et s'en retourner le soir porter à
Pénélope le fruit de son industrie, il ne manque au tableau que ce
lui de l'orgueil de la petite personne qui jouit sans doute de vir
dans ses fers un captif de cette importance. A propos, on dit qil
alloit avoir un régiment, lorsque....

VERNE

VERNEUIL pere.

On le lui avoit promis.

LE COMTE.

Il y a déjà quelques années. Il seroit prêt à passer aux grades su-
périeurs. Plaisanterie à part, mon cher Verneuil, Il seroit fâcheux
de laisser croupir ce jeune homme dans le genre de vie qu'il a
adopté. Il est d'âge encore à réparer ses sottises, et vous convien-
drez que lui pardonner celles qu'il s'est déjà permises, c'est l'en-
courager à en faire de nouvelles.

VERNEUIL pere.

Voilà ce que je me suis dit cent fois.

LE COMTE.

Mais cela ne suffit pas, mon bon ami. Il falloit agir et aller droit
au but. Votre inaction, dans cette affaire, vous fait le plus grand
tort dans le monde. Les gens sensés vous blâment, les indifférens
vous raillent, quelques-uns vous plaignent. Mais il regne dans tous
ces propos un ton amer, qui m'a souvent fait souffrir pour vous.
Le ridicule dont on charge votre conduite m'affecte sensiblement.
D'ailleurs ces sortes de mariages ne sont jamais heureux. Les diffi-
cultés irritent l'amour, les persécutions le soutiennent ; mais n'a-
t-il plus rien à craindre ou à desirer, le charme s'évanouit, l'épouse
parvenue à son but, cesse de se contraindre, et l'époux détrôné
voit avec douleur son état et sa fortune sacrifiés à des chimeres. Le
dégoût arrive, l'humeur suit, et ceux qui croyoient s'adorer toute
leur vie, sont étonnés de ne pouvoir plus se supporter.

VERNEUIL pere.

Vos principes sont les miens. Ce que vous me dites-là, je l'ai dit
moi-même à mon fils, qui vouloit me contraindre à ratifier le
mariage de son frere. Charles lui-même ne m'avoit gagné que jusqu'à un certain point. Mais cette femme !.... cette femme....

LE COMTE, souriant.

Cette femme vous embarrasse furieusement.

VERNEUIL pere.

J'en conviens.... et puis cet enfant....

LE COMTE.

Oh, pour l'enfant, je vous le recommande, mon ami, il faut
faire quelque chose pour lui.

VERNEUIL pere.

C'est bien mon intention. Pauvre enfant, sous quels auspices
es-tu né !

LE COMTE.

En effet, tout cela est embarrassant. Mais enfin quel parti
prenez-vous ?

VERNEUIL pere.

Je vous le demande. Vous êtes de sang froid, vous avez toute
votre raison, et moi....

LE COMTE.

Oui, je conçois qu'il vous faut nécessairement un guide, qui.....

VERNEUIL pere.

Soyez-le, Préval. Prononcez sans feinte, sans détour.

LE COMTE.

Vous me le permettez.

F

VERNEUIL pere.

Je vous en prie.

LE COMTE.

C'est que je crains de vous déplaire. D'ailleurs, ce que je vous ai déjà dit, doit vous faire pressentir ce que j'ajouterois, si j'osois.

VERNEUIL pere.

J'entends, vous me conseillez d'employer l'autorité.

LE COMTE.

Puisque vous voulez que je vous parle franchement, vous ne pouvez vous en dispenser.

VERNEUIL pere.

Je devois aller aujourd'hui chez mon Procureur.

LE COMTE.

Pourquoi faire !

VERNEUIL pere.

Pour entamer ce malheureux procès.

LE COMTE.

Vous n'y pensez pas, mon ami. Vous voulez employer les voies juridiques, dont la lenteur laissera à votre fils les moyens de vous échapper encore ! Il retournera d'où il vient et ne craindra rien de vos poursuites. Et puis il est majeur : son mariage cassé, qui l'empêchera d'en contracter un seton les lois ?

VERNEUIL pere.

Je n'avois pas fait cette réflexion.

LE COMTE.

Il faut absolument le séparer de cette femme.

VERNEUIL pere.

Il n'y consentira jamais.

LE COMTE.

Nous saurons bien l'y contraindre.

VERNEUIL pere.

Et comment ?

LE COMTE.

Un ordre du Roi.....

VERNEUIL pere.

Faire enfermer mon fils !

LE COMTE.

Je ne vois que ce moyen.

VERNEUIL pere.

Ce moyen est affreux. Achever d'aigrir un jeune homme, déjà trop violent, me fermer à jamais son cœur !.... Ah ! Préval ! Préval !

LE COMTE.

Qu'on est foible quand on est pere !

VERNEUIL pere.

Qu'on est dur, quand on ne l'est pas !

LE COMTE.

Je vous demande pardon, mon ami, de vous avoir donné un conseil qui paroît vous déplaire, mais que vos instances m'ont arraché. Il me sembloit qu'un an, six mois de clôture ne pouvoient qu'être utiles à votre fils ; qu'éloigné des objets qui le subjuguent, il oublieroit insensiblement un engagement qui le déshonore, que sa raison reprendroit tous ses droits ; que rendu à la société et à son pere, il sentiroit ce que vous auriez fait pour lui, et qu'enfin....

VERNEUIL pere.

Faire enfermer mon fils !

LE COMTE.

N'en parlons plus, mon ami, n'en parlons plus. J'ai eu tort de me mêler de cette affaire, et je....

VERNEUIL pere.

Non, Préval, non. Vous voyez mieux que moi, sans doute. Vous n'êtes pas aveuglé par cette tendresse, qui se revolte à la seule idée d'un enfant dans les fers.

LE COMTE.

Il seroit un moyen d'abréger sa detention, et de vous mettre à votre aise.

VERNEUIL pere.

Lequel ? Je l'adopte sans balancer.

LE COMTE.

Charles enlevé, Caroline et son enfant sont à votre discrétion. Vous placerez l'un dans des mains étrangeres et sous un nom supposé. Vous éloignerez l'autre, à qui vous payerez une modique pension, à condition qu'elle se conduira selon vos vûés, et sa misere est un sûr garant de sa docilité.

VERNEUIL pere.

C'est que tout cela nécessite des procédés si durs, si cruels ! Et puis Charles en liberté fera des perquisitions. ..

LE COMTE.

Rien de si aisé de les rendre inutiles. On peut répandre adroitement dans le public que Caroline, que son enfant n'ont survécu que peu de temps après l'enlevement de votre fils.

VERNEUIL pere.

Il n'en croira rien.

LE COMTE, à demi-voix.

Je connois un juge de province, qui constatera leur décès par un décret dans les formes.

VERNEUIL pere, après un moment d'horreur.

Cela ne se peut pas.

LE COMTE.

Je vous en réponds.

VERNEUIL pere.

Un magistrat prononcer contre la vérité, contre sa conscience ?

LE COMTE.

Celui-ci le fera sans difficulté.

VERNEUIL pere.

Ce juge est un frippon.

LE COMTE.

Sans doute, mais il en faut ; on les méprise, et on s'en sert.

VERNEUIL pere.

Votre plan est bien concerté.... mais il y a dans cette marche une duplicité qui me répugne.

LE COMTE.

Il n'est pas défendu de ruser un moment, quand il en peut résultèr un grand bien. Songez, qu'au moyen de ces arrangemens,

Charles, enlevé dans deux heures, peut vous être rendu dans six semaines, dans un mois : on ne prendra que le temps nécessaire pour éloigner son retour des objets qui seroient toujours dangereux pour lui.

VERNEUIL pere.

Charles enlevé dans deux heures.

LE COMTE.

Oui, mon ami, dans deux heures, et je me chargerois des détails pour ménager votre sensibilité.

VERNEUIL pere.

Mais cet ordre du Roi, qu'il faut solliciter, obtenir....

LE COMTE.

J'en ai toujours en blanc, et je n'en abuse pas, comme vous le voyez. (*avec chaleur.*) Allons, mon cher Verneuil, êtes-vous bien d'accord avec vous-même ? Ce que vous devez à la société, à votre fils et à vous, l'emportera-t-il enfin sur les répugnances puériles qui vous arrêtent, sur la foiblesse qui vous déshonoreroit, si vous consentiez à un mariage ridicule et révoltant. Pardon, si je mets autant de force dans mes représentations ; mais je vous ai toujours chéri, et je ne puis m'empêcher d'ajouter que vous avez assez fait pour la nature, et qu'il est temps de vous montrer homme et d'en déployer toute la fermeté.

VERNEUIL pere.

Qu'il m'en coûte pour me rendre ! mais je sens qu'il le faut.

LE COMTE.

Oui, mon ami, il le faut.

VERNEUIL pere.

Du moins, que tout se passe sans éclat.

LE COMTE.

Sans éclat.

VERNEUIL pere.

Ménageons des infortunés, adoucissons le coup que nous allons leur porter.

LE COMTE.

On mettra dans les procédés toute l'aménité possible.

VERNEUIL pere.

Vous me ferez avertir quand mon malheureux fils n'y sera plus. J'irai, je verrai cette femme.

LE COMTE.

Non, Verneuil, je ne suis pas d'avis que vous la revoyez. Votre excessive bonté vous trahiroit encore. Je me charge de sa retraite, et de lui faire parvenir vos bienfaits.

VERNEUIL pere.

Je la verrai, monsieur. C'est un adoucissement que je dois à sa situation. Je lui dois compte des motifs de ma conduite, je lui dois des consolations. Trop heureux, si je pouvois, en calmant sa douleur, rendre mes chagrins moins cuisans.... Allez, Préval, allez me rendre ce funeste service, et laissez-moi renfermer mes larmes, mes combats et mes regrets.

(*Il sort.*)

SCENE X.
LE COMTE, *seul.*

CES provinciaux sont durs à persuader. Pauvres gens, qui ne sentent pas que le grand art est de tirer parti des circonstances, et même de faire naître celles qui sont nécessaires à nos projets.... Enfin la belle et cruelle Caroline est à ma discrétion. Le bon homme de pere la verra, dit-il. Je le préviendrai, et si elle est récalcitrante, on la mettra aussi en lieu de sûreté. C'est un excellent moyen que la persécution, et qui ne manque jamais son effet.

SCENE XI.
LE COMTE, VERNEUIL fils.
VERNEUIL fils.

MON pere vous quitte, monsieur!

LE COMTE.

A l'instant.

VERNEUIL fils.

Il est dans un état qui m'inquiète. Que s'est-il donc passé ?

LE COMTE.

Il est vrai que notre conversasion l'a singuliérement ému.

VERNEUIL fils.

Vous êtes-vous entretenu de mon frere ?

LE COMTE.

Il n'a été question que de lui.

VERNEUIL fils.

Et vous avez sans doute embressé sa défense ?... Avez-vous gagné quelque chose sur l'esprit de mon pere ?... Se rendra-t-il à mes vœux ? Verrons-nous enfin la paix rétablie dans sa maison ?

LE COMTE.

La paix ? Oui, je l'espere. Les choses rentreront dans leur état naturel.

VERNEUIL fils.

Quel heureux changement! Ah! c'est vous, monsieur, c'est vous, qui assurez notre commun bonheur. Que d'obligations... Comment vous marquer ma reconnoissance.

LE COMTE.

En me permettant de l'aller mériter.

(*Il salue et sort.*)

SCENE XII.
VERNEUIL fils, *seul.*

QUEL ton! quelle froideur! quelle insensibilité! du moins apparente.... Ah! je le vois; l'homme, toujours maître de lui, est bien plus fort en raisons que celui qu'égare le délire de l'amour ou de l'amitié.... Enfin Preval a désarmé mon pere.... Charles, mon ami, mon frere.... Quel moment pour toi! Quel jour pour ta tendre, pour ta vertueuse Caroline! Ne retardons pas leur félicité. Courons mettre un terme à leurs inquiétudes, effacer jusqu'à la trace de leurs maux, et partager leur ivresse.

Fin du troisieme acte.

ACTE IV.

Le Théâtre représente le logement de Charles.

SCENE PREMIERE.

CAROLINE, *seule, assise tenant son enfant sur ses genoux.*

JE me suis donc condamnée à des peines éternelles ! .... Ma Cecile.... cher et malheureux enfant, si jamais le secret de mon infortune t'est dévoilé, tu plaindras ta pauvre mere, et tu l'aideras à supporter son sort, tu sécheras mes larmes, ou tu en diminueras l'amertume en y mêlant les tiennes. Oui, nous pleurerons, toi, ton pere, moi, mon époux ; nous serons l'une et l'autre accablées de notre situation ; mais nous gémirons ensemble, et du moins j'aurai quelqu'un qui pourra répondre aux cris de ma douleur.

SCENE II.

BAZILE, (1) CHARLES, CAROLINE, CECILE.

CHARLES, *se jettant dans les bras de sa femme.*

VICTOIRE, victoire, Caroline ! j'étois ton époux de ton choix, je vais l'être du consentement de mon pere. Si tu savois l'effet qu'a produit ton noble dévouement, si tu savois qu'il t'aime, qu'il te plaint, qu'il en convient, si tu savois enfin qu'il m'estime, qu'il m'a promis....

BAZILE.

Doucement, doucement ; il n'a rien promis encore.

CHARLES.

Il n'a rien promis encore ? un pere menaçant, qui s'adouçit, qui reçoit des marques de ma tendresse, qui m'en donne de la sienne, n'est pas un pere désarmé et vaincu ? que peut-il davantage ?

BAZILE.

Signer, mon ami, signer.

CHARLES.

Il signera, je n'en saurois douter. Si son cœur n'eût été touché, ses discours, ses gestes, son émotion apparente seroient le comble de la duplicité, et mon pere, mon respectable pere en est incapable.

CAROLINE.

Mon ami, il a reçu mon sacrifice.

CHARLES.

La réflexion la lui fait rejetter.

CAROLINE.

J'ai lu dans le cœur de ton pere.

CHARLES.

Les apparences t'ont trompé.

CAROLINE.

Il m'aime, dis-tu ; mais il nous sépare. Il me plaint, et il me méprise.

CHARLES.

Il te méprise !...: Ah ! Caroline !

_____

(1) Bazile, après avoir fini de parler, emmenera l'enfant sans affectation et rentrera de même vers la fin de la scene.

CAROLINE.

Puis-je en douter, il m'a offert de l'or.

CHARLES.

Il t'offrira bientôt sa bienveillance et son affection.

CAROLINE.

J'étois allé vers lui dans l'intention de lui adresser mes vœux et mes prieres. J'espérois que mes instances unies aux tiennes le désarmeroient. J'arrive, ses premiers mots m'atterent, révoltent mon honnêteté, indignent ma délicatesse. Il a cru, sans doute, qu'un vil intérêt m'avoit décidé à me donner à toi. Le malheureux! il n'a donc jamais été aimé pour lui-même, puisqu'il ne croit point à l'amour pur, à l'amour désintéressé.... Charles, je ne t'impute point les fautes de ton pere. Mais s'il faut céder à la force et abjurer nos erreurs, si jamais tu deviens ce que tu peux être un jour, tu diras : cette pauvre, cette tendre Caroline a fait dans tous les temps ce qu'elle a pu pour mon bonheur, elle s'est sacrifiée à mon avancement ; dans son obscurité, elle jouit de mon éclat, et mon bien-être est sa récompense.

CHARLES, *éperdu.*

Et toi aussi, Caroline.... et toi aussi.... Ah! malheureux!

CAROLINE.

Nous nous sommes égarés l'un par l'autre. . . . . Jusqu'ici nous n'avons point de reproches à nous faire. Trembles de te montrer moins fort que moi, trembles de perdre mon estime.

CHARLES.

La mienne t'est indifférente.

CAROLINE.

J'ai voulu l'obtenir, tu me la dois et tu peux me la refuser.

CHARLES.

Mon estime à toi, qui braves l'amour, tes sermens, et le ciel.

CAROLINE.

Le ciel a rejetté mes vœux.

CHARLES.

Il veut éprouver ta constance.

CAROLINE.

S'il veut mon malheur, je me soumets à ses décrets.

CHARLES, *dans le dernier désespoir.*

Acheve, ingrate, acheve de porter la mort dans mon sein. Ce n'est pas assez d'avoir l'univers entier à combattre, il faut qu'une épouse foible et parjure s'unisse à mes ennemis et se mette à leur tête. Réponds-moi, toi qu'égare un fol héroïsme, qui crois tout faire pour ton déplorable époux, t'es-tu flattée que je survivrois à notre séparation ? As-tu cru qu'un moment d'enthousiasme t'autorisât à mentir à l'univers, à Charles, à son enfant ? Quoi, c'est au respect humain que tu immoles sans remords les titres d'épouse et de mere ! Attends, du moins, attends, femme barbare, que la force, que l'inhumanité nous ravissent l'un à l'autre. Gardes-toi de prévenir l'instant fatal, qui décideroit de ta vie ; n'affectes plus une fermeté que tu n'as pas, que tu ne peux avoir, si tu possedes jamais la moindre étincelle des vertus qui m'ont uni à toi. . . . . Caroline.... je tombe à tes pieds.... c'est moi..... c'est ton ami, c'est ton amant, c'est ton époux qui te supplie. Seras-tu plus cruelle que tous nos persécuteurs ensemble ? Caroline, sois-moi fidelle, sois-moi fidelle.... ou je ne réponds de rien.

SCENE III.
Les précédens, UN EXEMPT.
L'EXEMPT, *d'un ton ferme.*

C'EST ici la demeure de Charles Verneuil ?

BAZILE.

Oui, monsieur, c'es ici. Queu qu'y a pour votre service ?

L'EXEMPT.

Est-ce vous, jeune homme ?

BAZILE, *après avoir fixé l'Exempt, Charles et Caroline.*

Oui, monsieur, c'est moi.

L'EXEMPT.

Je vous arrête par ordre du Roi.

BAZILE.

Marchez, monsieur, je vous suis.

CHARLES.

Demeures, malheureux, demeures. N'ajoutez pas à mes maux l'infamie et les remords. Crois-tu que je me prête à cette horrible supposition ! Plus je te connois, et plus tu me deviens cher ; mais mes malheurs ne doivent tomber que sur moi. (*à l'Exempt.*) Cet honnête-homme vous trompe. Il est mon ami, ce mot explique sa conduite. C'est moi qui suis la victime désignée.

CAROLINE.

Tu ne me quitteras pas. Si mon sacrifice devient inutile, je retire ma parole, et je ne connois plus que mon époux. C'est lui que je tiens, que je serre dans mes bras, et je ne vous le rendrai qu'avec le dernier soupir.

L'EXEMPT.

Madame, votre situation m'intéresse. Je voudrois pouvoir l'adoucir.

CAROLINE.

Vous en êtes le maître. (*montrant Bazile.*) Ce galant homme vous en a offert les moyens.

L'EXEMPT.

Je n'y puis m'y prêter, sans trahir mon devoir. Marchez, monsieur.

CHARLES.

Si je n'écoutois que ma haine du despotisme, que l'horreur que doivent inspirer ses suppôts, j'aurois déjà vengé sur vous et les violences que vous avez commises, et celle que vous venez consommer. Si l'ordre que vous me signifiez n'avoit l'aveu de mon pere, de ce pere cruel, qui n'embrassoit son fils que pour mieux l'assassiner, et que je respecte encore au moment où il m'ôte plus que la vie, oui, ou le désespoir termineroit ma carriere, ou j'échapperois à l'oppression.... Que dis-je ! Eh ! pourquoi présenter une tête innocente au coup que l'on vient me porter ! Pourquoi trahir par une lâche obéissance la société blessée dans un de ses membres, et ma famille dont je suis l'unique support ? Je me défendrai, n'en doutez pas, et si je succombe sous le nombre, j'aurai vécu, et je serai mort libre.

L'EXEMPT.

Marchez, vous dis-je.

CAROLINE.

Non, monsieur, il ne sortira pas. Quoi; le prix de mon dévouement seroit pour lui des larmes et des fers. Je redeviens son épouse pour le défendre et le sauver. Mes droits me sont contestés, mais ils sont respectables, tant qu'ils sont existans.

BAZILE, bas à Charles.

Faut-il toucher ? (Charles le retient.)

L'EXEMPT.

Il a disposé de lui sans l'aveu de son pere.

CAROLINE.

J'avois reconnu sa faute; j'avois consenti à l'expier.

L'EXEMPT.

Cela ne suffit pas, vous le voyez, madame.

CAROLINE.

Cela ne suffit pas ! Eh bien, je ferai, je dirai, je signerai ce qu'on voudra. Qu'il soit libre, et je ne regretterai rien.

L'EXEMPT.

Ce que vous demandez ne dépend pas de moi. Allons, monsieur.

CAROLINE, serrant son mari dans ses bras.

Vous ne l'aurez pas.... vous ne l'aurez pas.

CHARLES, se débarrassant des bras de sa femme.

Non, vous ne m'aurez pas.

L'EXEMPT.

J'ai ordre, monsieur, d'éviter l'éclat; mais je dois employer la force, si j'éprouve de la résistance. Je serois au désespoir de rassembler mes gens.

CHARLES.

Vos gens.... vos gens...

CAROLINE.

Qu'ils viennent .... qu'ils voient mon état, mon désespoir; et s'ils y sont insensibles, qu'ils ajoutent à leurs forfaits l'assassinat d'une femme. Ils n'ont que ce moyen de l'arracher à ma tendresse. Votre ordre affreux vous autorise-t-il à répandre mon sang. Frappez, délivrez-moi d'un seul coup, et de moi-même, et de mon amour, et de l'horreur que vous m'inspirez.... Je ne me connois plus... je ne sens.... je ne puis... je me meurs.... (Elle tombe.)

CHARLES, courant à elle

Ma femme.... mon amie....

L'EXEMPT, à Charles.

L'instant est favorable, il faut en profiter.

CHARLES.

M'éloigner d'elle.... la laisser mourir.... Quoi, barbare, ton cœur ne te dit rien !.... Ah ! mon pere ! mon pere....

L'EXEMPT.

Obéissez.

CHARLES.

L'abandonner dans cet état affreux ! Pour le proposer seulement, il faut être sans entrailles et sans ame.

G

L'EXEMPT, s'approchant de Charles.
Pour la derniere fois obéissez.

BAZILE, tenant un tabouret.
Taisez-vous; ou, par la mort, je vous fais sauter la cervelle.

SCENE IV.

Les précédens, VERNEUIL fils.

BAZILE, à Verneuil fils.
A nous, monsieur, à nous.... On arrête Charles sur un ordre
du roi.

VERNEUIL fils, l'épée à la main.
Je suis son frere, défendez-vous.

BAZILE, le tabouret levé.
J'sis son ami, et je vous assomme.

CHARLES, se jettant entr'eux.
Arrête, Verneuil.... Arrête. Bazile.... Ma fureur m'égaroit : la
seule idée d'un meurtre me contient et me désarme. Cet être est
avili ; mais enfin c'est un homme : il est moins coupable que ceux
qui le dégradent. N'imitons pas nos tyras, et respectons l'humanité.
Ne vous souillez point d'un assassinat qui me seroit inutile. L'ordre seroit confié à d'autres mains.

(L'Exempt marque son étonnement.)

VERNEUIL fils.
Cet ordre est surpris, mon pere n'en a pas connoissance,

L'EXEMPT.
C'est lui qui l'a sollicité.

VERNEUIL fils.
C'est une imposture.

L'EXEMPT.
Et c'est le comte de Preval qui m'a chargé de l'exécution.

CHARLES.
Préval !

VERNEUIL fils.
Preval ! Il a en effet parlé à mon pere ; mais il m'a assuré....

CHARLES.
Il lui a parlé, dis-tu. Tout est expliqué.... Je ne conçois
pas que mon pere.... Preval.... Preval.... Il a pu ranimer
un courroux.... Ah ! je suis perdu sans ressource. Le monstre
aime ma femme.

VERNEUIL fils.
Ta femme !

CHARLES.
Oui, ma femme. Il a osé le lui dire.

VERNEUIL fils.
Il a parlé à mon pere immédiatement après toi. Il n'a pas eu
le temps de demander cet ordre. (à l'Exempt.) Celui dont vous
êtes porteur est faux.

L'EXEMPT.
Il est bon. Le comte de Preval en a toujours en sa disposition.

VERNEUIL fils.
Ainsi donc l'abus d'un nom respecté lui sert à marquer ses perfi-
dies et ses scélératesses !.... Avec quel calme il a insulté à ma con-

fiance et à ma bonne foi. (*à l'Exempt.*) Et vous, qui savez combien cet ordre est illégal, aurez-vous l'audace de l'exécuter ?

L'EXEMPT.

Ma liberté, ma fortune en dépendent.

VERNEUIL fils.

Si vous persistez, vous serez puni avec celui qui se permet tous les crimes, parce qu'il croit qu'une obscurité profonde les couvrira toujours. Je vais, je cours chez le ministre, je percerai jusqu'à lui, je lui découvrirai des attentats que sans doute il ignore : il en frémira, s'il est vertueux ; s'il ne l'est pas, je le forcerai de rendre à la vertu un homme involontaire, en punissant des excès qu'il auroit dû prévoir ou réprimer. Enfin, monsieur, vous allez être le complice ou l'accusateur de Preval, choisissez. Voyez d'un côté l'infamie et des châtimens, de l'autre, l'estime publique et de justes récompenses. Le ministre ignore ce qui se passe, vous venez d'en faire l'aveu : souvenez-vous-en, et décidez-vous.

L'EXEMPT.

Il est ferme.

BAZILE, *à l'Exempt.*

Monsieur, puisque j'consentons à vous laisser vivre ; laissez vivre les autres. Vous ne connoissez ni Charles, ni moi. Erreur n'est pas compte ; mais sans lui, vous m'emmeniez à sa place. Il en est temps encore, je vous en prie, je vous en conjure, emmenez-moi. Si c'brave jeune homme n'tire pas son frere d'là, hé ben, morgué je resterons en prison pour l'i, et j'y mourrons, avant de trahir l'secret qui assurera sa liberté. Allons, monsieur, eune bonne action. Vous n'en avez jamais fait peut-être ; mais il y a commencement à tout. Si vous saviez le bien qu'ça fait, eune bonne action, vous ne balanceriez pas.

CHARLES.

Mon ami, mon respectable ami, non, je n'y consentirai pas.

BAZILE.

Tais-toi.... tais-toi.... n'faut à un homme comme moi que du pain. Ça se trouve en prison comme ailleurs.

VERNEUIL fils.

Laissez faire ce digne homme. Sa détention ne peut être de longue durée. Je déclarerai tout, dès que tu seras en sureté.

SCENE V.

Les précédens, DEUX GARDES.

UN GARDE, *à l'Exempt.*

RÉSISTE-T-ON, monsieur ? Vous faut-il main-forte ?

BAZILE.

Non, monsieur, on ne résiste pas. On dit adieu à sa femme, à son ami, c'est ben naturel. (*il embrasse Caroline.*) Adieu, Caroline. (*à Charles en l'embrassant.*) Ne perds pas un moment. (*à Verneuil en lui montrant la main.*) N'oubliez pas vot' pauvre frere. (*à l'Exempt*) Me v'là prêt à suivre vos ordres.

L'EXEMPT.

Marchons. (*Bazile prend son chapeau et l'enfonce sur ses yeux. Il sort avec l'Exempt et les Gardes.*)

SCENE VI.
CHARLES, CAROLINE, VERNEUIL fils.
VERNEUIL fils.

QUE l'effroi ne succede point à votre noble fierté. Vous voilà tranquilles pour quelques momens, j'en saurai profiter. Ma sœur, calmez votre époux. Charles, consoles ta femme. Je cours, je vole, je n'aurai pas de repos que je n'aie assuré votre bonheur.

SCENE VII.
CHARLES, CAROLINE.
CHARLES, *tombant sur un siége.*

AH! ma femme! ma femme! Quelle épouvantable journée! Que de maux à la fois / Mon pere.... mon pere..... vous avez consenti....

CAROLINE.

Mon ami, mon tendre ami, ton état me désole. Calme-toi, suis-moi.... viens goûter un repos....

CHARLES.

Du repos !.... et mon ami est dans les fers..... S'ils revenoient..... s'ils ôsoient, sans ménagement pour une femme infortunée....

CAROLINE.

Ah / ce n'est pas à moi qu'ils en veulent. Je ne suis pas assez intéressante pour exciter leurs fureurs. Viens, mon ami, viens.

CHARLES.

Tu ne me quitteras pas ?.... Caroline, tu me le promets ?

CAROLINE.

Te le promettre ! Je te fuirois, que tu ne le croirois pas. (*Elle entre avec lui dans le cabinet.*)

Fin du quatrieme Acte.

ACTE V.

SCENE PREMIERE.
LE COMTE, *seul.*

TOUTES les portes ouvertes, et personne.... Charles est enlevé.... Mais cette femme.... cette femme.... qu'est - elle devenue ? l'auroit-elle suivi ?..... La frayeur, le soupçon l'auroient-ils éclairés ? Ai - je perdu enfin le prix de mes efforts ?

SCENE II.
CAROLINE, LE COMTE DE PREVAL.
CAROLINE, *sortant du cabinet et appercevant le comte.*

CIEL! Preval!

LE COMTE.

AH ! la voilà, la voilà. Je parois vous effrayer, belle Caroline. Calmez-vous, la crainte est le dernier sentiment que je dois vous inspirer. J'ai pour vous le plus vif attachement, et je vous l'ai prouvé en éloignant de vous un homme qui ne pouvoit que nuire à votre fortune.

CAROLINE, *à demi-voix et d'un ton de l'horreur.*

Sortez, monsieur, croyez-moi, sortez.

LE COMTE.

Renoncez, Caroline, à ces vertus de convention qui ne sont plus de notre siecle, ou plutôt, laissez ces petites ruses, qui ne peuvent m'en imposer. Vous voyez ma franchise, imitez-la, montrons-nous tels que nous sommes : sachons l'un et l'autre ce que nous devons craindre ou espérer. Je n'entreprendrai pas de vous prouver qu'il est de votre intérêt de mettre fin à nos petits débats. Vous avez assez d'expérience, vous avez assez souffert pour en être convaincue.

CAROLINE.

La plus cuisante de mes peines, est d'être forcée de vous entendre.

LE COMTE.

Caroline, on peut acheter le bonheur par quelque soins, par quelques démarches ; mais l'amour méprisé se change quelquefois en haine, et la mienne ne seroit pas impuissante. Si je suis capable des plus grands sacrifices pour vous désarmer, je le suis également d'employer tous les moyens pour vous réduire. (1) Faut-il vous avouer que, maître de l'esprit du comte de Verneuil, je dirige à mon gré ses sentimens, sa foiblesse, et ses irrésolutions, que je ne suis comptable à personne des cruautés où je pourrois me porter, et que je puis ensevelir vos plaintes avec vous ! Gardez-vous de m'aigrir davantage par une résistance déplacée, ne vous exposez pas à perdre en un seul jour, et le rival que vous me préfériez, et votre enfant, et votre liberté ; voyez enfin en moi l'amant le plus soumis ou l'ennemi le plus implacable. Mes gens sont postés; et n'attendent qu'un signal. Il faut opter, et promptement.

SCENE III.

Les précédens, CHARLES.

CHARLES, *furieux.*

MENACER ma femme ! menacer mon enfant !

LE COMTE, *anéanti.*

Charles !

CHARLES.

Lui-même, à qui tu pensois avoir ravi la liberté, et dont tu croyois séduire la compagne par tes promesses ou tes menaces. Le voilà, cet homme qui n'est coupable envers toi que d'avoir une femme vertueuse, et qu'il disputera à l'univers entier, jusqu'à son dernier soupir.... Tu baisses la vue, tu n'oses me fixer ! L'opprimé fut toujours le spectacle le plus effrayant pour l'œil de l'oppresseur. . . . tu te tais. . . . tu frémis. . . . tu me crois capable, peut-être, de t'imiter, et de me venger de toi aussi lâchement que tu m'as attaqué.

(1) Pendant ce couplet du comte, Caroline se tournera plusieurs fois vers le cabinet en marquant son inquiétude.

SCENE IV.
Les précédens, L A F L E U R.
L A F L E U R, *du fond.*

QUI diable ont-ils donc emmené!

CHARLES.

Si je ne suivois que les affreux principes qui te guident, je te poignarderois.... Jamais la soif du sang ne fut aussi légitime, jamais elle ne fut plus pressante.

L A F L E U R, *effrayé.*

Appellons nos gens.

CHARLES.

Mais je veux bien descendre jusqu'à me mesurer avec toi. Je brûle de t'immoler ; mais je n'employerai que les moyens avoués par l'honneur. Viens, traître, viens défendre une vie qui ne suffit pas pour pour expier des forfaits, et si le sort des combats trahit l'innocence et la justice, au moins je n'aurai pas survécu à mes malheurs.

SCENE V.
Les précédens, L A F L E U R, G A R D E S.
L A F L E U R, *aux Gardes.*

SAISISSEZ, enlevez tout. (*Deux Gardes s'emparent de Caroline, un autre court au cabinet et reparoît avec l'enfant. Le reste de la troupe environne Charles, le serre et le saisit.*)

CHARLES, *se défendant.*

Bazile, où es-tu !.... Ma femme !....ma fille !....(*aux Gardes.* (Laissez-les, laissez-les..... J'obéis.... Je cede à la force.

L A F L E U R.

Emmenez tout cela. (*Les Gardes les entraînent.*)

SCENE VI.
Les précédens, V E R N E U I L pere.
V E R N E U I L pere.

QUEL spectacle ! quelle horrible violence!

CHARLES.

Voyez, mon pere, et repentez-vous.

C A R O L I N E, *tendant les bras à Verneuil pere.*

Sauvez mon enfant, sauvez mon enfant.

V E R N E U I L pere, *aux Gardes.*

Arrêtez, arrêtez, vous dis-je. Je suis le pere de ces infortunés. (*à Preval avec sévérité.*) Monsieur le comte, ce n'est pas-là ce dont nous étions convenu, et vous répondrez de tout ce qui s'est fait sans mon aveu.) *Caroline remporte son enfant, et se tient à la porte du cabinet comme pour en défendre l'entrée.*)

L E C O M T E.

J'ai cru vous obliger en vous délivrant à jamais de leurs criailleries.

CHARLES.

Le monstre vous a trompé et vous en impose encore ; il a maîtrisé votre esprit, il s'est joué de votre crédulité, il s'est fait des armes de vos foiblesses et même de vos vertus ; il osoit s'en vanter tout-à-l'heure, en insultant à des maux qu'il venoit aggraver encore. Oui, c'est lui seul qu'il a voulu servir, c'est sa flamme adultere qui vous a rendu barbare.

V E R N E U I L .pere.

Qu'entends-je!

C H A R L E S.

Il adore Caroline. Moins vertueuse, elle en eût fait mon ami, et il eût été mon protecteur auprès de vous. Mais elle a rejetté son amour, et c'est par lui que vous me persécutez, c'est pour lui que vous voulez me perdre, et c'est à lui que me redemanderont vos remords.

V E R N E U I L pere, au Comte.

Vous ne répondez rien, monsieur ? Mon fils diroit-il la vérité ?

C H A R L E S.

Je suis incapable de la trahir, même dans cette affaire, la plus importante de ma vie.

V E R N E U I L pere, au Comte.

Je connois mon fils, et je le crois. Ce qui vient de se passer, votre embarras, votre silence prouvent votre crime et m'éclairera. Loin de moi ces perfides, qui, sous le voile d'un feint attachement, servent leurs propres intérêts, et sacrifient tout à l'égoïsme, derniere erreur d'une ame rétrécie et abjecte. Je ne consulterai plus que mon cœur, lui seul sera mon guide; si son excessive bonté m'égare, au moins ne me rendra-t-il jamais injuste et tyrannique.

<hr>

S C E N E V I I.

Les précédens, V E R N E U I L fils.

V E R N E U I L fils, accourant.

Vous êtes sauvés, vous êtes sauvés; je suis entré chez le ministre avec la rapidité de l'éclair; j'écarte ses valets; je perce la foule des solliciteurs, je parviens jusqu'à lui, je tombe à ses pieds.

L E C O M T E, à part.

Dieu!

V E R N E U I L fils.

On vient de commettre un crime sous votre nom, lui dis-je, et j'ose vous en demander justice. Mon frere a encouru l'indignation de son pere; mais son pere étoit le seul homme qui, dans l'univers entier, pût s'armer contre lui. Cependant un scélérat qui a surpris votre confiance, ose en faire l'instrument de ses passions. Mon frere a mérité une épouse vertueuse et belle, Preval a voulu la lui ravir; la noble résistance de cette femme, au lieu de le rendre à lui-même, l'a porté aux derniers excès. Il a conçu l'horrible dessein de faire enlever l'époux, pour subjuguer l'épouse sans défense et sans ressources. Mon pere a consenti à ce projet, dont il ne prévoyoit pas les suites; mon pere, bon e aimant, s'est rendu aux malignes insinuations d'un homme qu'il connoissoit mal ; mais, monseigneur, cet homme pourroit-il, même avec des vues légitimes, emprisonner le ls du comte de Verneuil ! Quand vous lui confiez des blancs, avez-vous es ignorer l'emploi ! Doit-on en faire un moyen de séduction et de tyrannie ! Pouvez-vous tolérer de tels abus ! Au moment où je vous parle, mon frere, mon malheureux frere, est eut-être accablé sous le poids de ses fers. Bon citoyen, bon fils, bon mari, bon pere, il a des droits sacrés à votre estime, et vous le rendrez à ma tendresse. Mon pere mieux instruit, joindra ses prieres aux miennes, et si vous avez une grande place, monsigneur, ce n'est pas pour fouler le peuple, c'est pour le soulager si vous êtes revêtu d'une autorité sans bornes, c'est qu'on vous a cru digne, et vous trahiriez à la fois le monarque et ses siets, en ne protégeant pas l'innocence opprimée, et en ne sévissan pas contre son oppresseur.

LE COMTE, à part.

Je suis perdu.

VERNEUIL fils.

Le ministre me releve, m'embrasse, me console. Ce n'est pas la premiere fois, dit-il, que Preval a abusé de ma confiance. J'ai cédé aux marques feintes d'un repentir simulé ; ses ecuses, ses prieres ne m'abuseront plus. Je ne le condamnerai pas ans l'entendre ; mais plus il m'a trouvé indulgent, plus je me montrerai inexorable. Qu'il vienne me rendre compte de sa conduite, voilà l'ordre qui lui en fait une loi, voilà celui qui vous emet dans les bras de votre frere ; s'il n'a blessé que l'autorité paternelle, ce n'est que son pere qui peut le poursuivre, ce n'est ue lui qui peut prononcer sur son sort. (au Comte.) Je vous remts l'ordre du ministre ; celui-ci est respectable, car il est juste. Allz méditer des moyens de défenses illusoires, faux, et qui demeureront sans effet. Je m'apperçois que je n'ai dévoilé que la moitié du crime, je le découvrirai en entier. La probité, l'honneur et la nature vont s'élever contre vous, et vous n'étoufferez pas leurs vox.

LA FLEUR, à part, au comte.

Sortons du royaume, monsieur, on nous contraindra à devenir honnêtes gens. (Le comte sort avec sa suite.)

SCENE VIII.

VERNEUIL fils, VERNEUIL pere, CHARLES, CAROLINE.

CAROLINE, descendant le théâtre.

Ah ! je respire !

CHARLES.

Ah ! mon frere ! Et Bazile, mon digne ami ?

VERNEUIL fils, cherchant Bazile des yeux.

Il devroit être ici.... il va t'être rendu, un homme de confiance s'est chargé de le délivrer, et m'a promis de seconder mon impatience. Il ne te reste plus qu'à désarmer un pere qui t'a toujours aimé, et qui révoquera, sans doute, un arrêt surpris par le vice et consenti par l'erreur. Trop heureux si je puis assurer on bonheur, en le forçant à consentir au tien, et si je vois vos cœurs réunis enfin, s'entendre et se répondre !

SCENE DERNIERE.

Les précédens, BAZILE.

BAZILE, sautant au cou de Charles.

Me v'là, mon ami, me v'là revenu, et mon plus grand plaisir est de te trouver encore respirant l'grand air.

CHARLES.

Ah ! mon ami, je ne sais comment connoître....

BAZILE.

C'n'est pas la peine de parler de ça, tu vois ben qu'ça n'a duré qu'un moment.

CHARLES, l'embrassé et à son pere.

Pardon, monsieur, si je me livre devant vous à toute ma sensibilité ; mais il n'est pas mon pere, et il ne m'a fait que du bien.

VERNEUIL pere, avec douleur.

Vous nous rendez justice à tous deux. Ah ! je l'avois prévu qu'une excessive sévérité me fermeroit le cœur de mon fils.

CHARLES.

Que dîtes-vous, mon pere ! Jamais ce cœur ne vous chérit autant que lorsque vous semblez vous repentir. Ne parlons plus du passé, ce souvenir vous fatigue et m'oppresse. Pardon, pardon, mon pere, je vous afflige.... mais si vous daignez vous souvenir des paroles consolantes que vous m'adressâtes quand je vous quittai, si vous vous rappelez celle que vous venez de proférer, en présence du comte, vous assurer votre repos ; en décidant le mien, que vous demandois-je ? de ne pas vous déclarer mon ennemi. Gardez votre fortune ; mais laissez-moi mon enfant, laissez-moi ma femme, ma chere femme ; après ce qu'elle vient de souffrir, ce ne sera pas une grace que vous lui accorderez.

VERNEUIL fils.

Rendez-vous, rendez-vous, un méchant vous a égaré : ses semblables vous condamneront, peutuétre, mais les honnêtes gens, les peres, les bons peres diront : Charles a trouvé des vertus, il en avoit lui-même et Verneuil ne les a pas séparés.

CAROLINE, avec timidité.

Monsieur, j'ose à peine ouvrir la bouche ; mais vous devez m'entendre.

VERNEUIL pere.

Mes enfans, mes enfans.... si je croyois que cet hymen..... si mes principes....

BAZILE, apportant l'enfant.

Je ne savons pas circonloquer, nous, mais j'apportons not' dernier argument. (mettant l'enfant dans les bras du pere de Charles.) V'là vot'fille, vot'petite-fille, v'là vot'sang, v'là vos entrailles. Recevez c't'innocente, qui ne vous connoît pas encore, mais qui bientôt vous redemanderoit son pere. Je ne sommes pas foibles, nous, je ne sommes pas flatteurs, je n'vous demandons pas grace ; mais je voulons justice, et vous nous la ferez, si vous n'êtes pas un Préval. (à Charles.) Il la regarde, il pleure, il l'embrasse ! (à Verneuil pere.) Hé ben, convenez, ventre-guenne, qu'cinq cent lettres de cachet n'vous procurerions pas un moment comme sti-ci. Il la rebaise ! (lui frappant sur l'épaule.) Ah ! brave et digne homme, pleurez, baisez, et revenez à nous.

H

VERNEUIL pere.

Je ne résiste plus, je ne résiste plus. Pour me défendre aussi long-temps, il a fallu que.... Cette enfant sera la consolation de ma vieillesse qui s'approche, elle en adoucira les amertumes.

(*Tous tombent à ses genoux.*)

BAZILE.

Eh ben, quand j'vous l'ons dit qu'un pere est toujours pere, et qu'bon sang ne peut mentir.

CHARLES.

Ah, mon pere, les expressions me manquent....

VERNEUIL fils.

Que ne vous dois-je pas !

CAROLINE.

Ah ! monsieur, mon ravissement...., mon trouble.... ma reconnoissance....

VERNEUIL pere, *les relevant.*

Vous ne me devez rien, vous ne me devez rien. C'est moi, peut-être, qui ai besoin d'indulgence. Bazile, vous ne nous quitterez plus, votre franchise, votre loyauté, votre excellent cœur, ne seront pas sans récompense, et vous la recevrez des mains de mon fils. Allons, mes enfans, venez prendre une place.... que vous auriez dû occuper plutôt. Charles, ma maison est la tienne, tu y conduiras ta Caroline, et je lui devrai encore quelques beaux jours. Mes enfans, je ne me suis montré sévere que par excès d'amour, et c'est ce même amour qui nous réunit tous aujourd'hui. Les honnêtes gens m'approuveront, je l'espere, le suffrage des autres m'est indifférent.

FIN.

CPSIA information can be obtained
at www.ICGtesting.com
Printed in the USA
BVHW051845051118
532208BV00023B/4397/P